변화의 시대에 필요한 셀프리더십
슬기로운 자기경영

변화의 시대에 필요한 셀프리더십
슬기로운 자기경영

초판 1쇄 인쇄　2020년 7월 10일
초판 1쇄 발행　2020년 7월 15일

　　　지은이　김민주 · 이서연 · 박소연 · 김한아
　　　　　　　이여진 · 이진아 · 한주미

　　　　편집　이다겸
　　　디자인　김보람
　　　　기획　민현기(인사이트랩)

　　　펴낸이　하혜승
　　　펴낸곳　㈜열린길
　　출판등록　제2020-000047호
　　　　주소　서울특별시 성북구 보문로 37길 15, 201호
　　　　전화　02-929-5221
　　　　팩스　02-3443-5233
　　　이메일　gil-design@hanmail.net

ISBN 979-11-970971-1-9 13190

* Book Insight는 ㈜열린길의 출판 브랜드입니다.

* 책값은 뒤표지에 있습니다.

* 이 도서의 국제표준 도서번호(ISBN)는 국립중앙도서관 서지정보유통지원시스템 홈페이지(http://seoji.go.kr)에서 이용할 수 있습니다.

* 이 책은 저작권법에 따라 보호받는 저작물이므로 무단전재와 무단복제를 금지하며, 이 책 내용의 전부 또는 일부를 이용하려면 반드시 저작권자의 동의를 받아야 합니다.

* 북 인사이트는 교육전문가들의 콘텐츠 개발과 출간을 지원합니다. 좋은 원고가 있으면 언제든 inlab2020@gmail.com으로 보내 주세요.

변화의 시대에 필요한 셀프리더십

슬기로운 자기경영

김민주 · 이서연 · 박소연 · 김한아
이여진 · 이진아 · 한주미 지음

Book Insight

Contents

프롤로그 08

Chapter 01

변화의 물결 속에서 나답게 성장하는 셀프리더십

01 · 변화의 물결 속에서 나는 항해할 준비가 되어 있는가 13
02 · Run하는 세상에서 제대로 나를 Learn하는 법 18
03 · 변화의 시대에 필요한 나 경영법 셀프리더십 28
04 · 변화의 물결 속에 나를 지키는 6가지 요소 37

Chapter 02

행동을 지속하는 힘, 동기

01 · 동기가 왜 중요할까? 동기가 뭐길래 43
02 · 원하는 방향으로 움직이게 하는 의미의 힘 49
03 · 호기심이 가져다주는 효과 56
04 · 변화 속에서 몰입하고 지속하기 64

Chapter 03

셀프리더의 자존감은 주도적인 삶의 뿌리

01 · 우리에게 자존감은 왜 중요한가　71
02 · 셀프리더의 자존감을 찾아서 : 나의 자존감 상태 진단　74
03 · 자존감을 높이는 긍정적 자기대화　80
04 · 자존감을 높이는 감정인식　88
05 · 자존감을 유지하기 위해서 기억할 3가지　93

Chapter 04

생산적인 삶을 만들어 갈 수 있는 힘, 객관적 성찰

01 · 객관적 성찰이란　99
02 · 알고 있는 것에 대한 객관적 성찰　104
03 · 실행 과정에 대한 객관적 성찰　110
04 · 평가 과정에 대한 객관적 성찰　120
05 · 내 인생의 방향키를 직접 돌리는 삶　125

Contents

Chapter 05

스스로를 통제하는 셀프리더

01 · 셀프리더의 필수요건, 자기통제력 131
02 · 자기통제력을 높이기 위한 방법 1 135
03 · 자기통제력을 높이기 위한 방법 2 143
04 · 변화에 적응하는 셀프리더 154

Chapter 06

변화관리를 위한 습관의 힘

01 · 왜 습관의 중요성을 강조하는가 161
02 · 확실한 지속성을 갖게 되는 습관 만들기 167
03 · 큰 성공은 생활의 작은 습관들이 성공했을 때 이루어진다 173
04 · 긍정적으로 자신을 믿고 꾸준히 실천하자 179

Chapter 07

실패에서 배우는 힘(자기성장을 위한 실행력)

01 · 변화관리를 잘하는 사람들은 실패를 두려워하지 않는다 187
02 · 있는 그대로의 나 인정하기 191
03 · 끊임없이 새로운 것에 도전하기 197
04 · 내 삶의 중심잡기 201
05 · 삶을 대하는 프레이밍의 변화 209

에필로그 214

참고문헌 217

저자소개 220

프롤로그

꽃씨를 심는 우체부처럼
내 삶을 움직이는 셀프리더십

저자 김호정의 「꽃씨를 심는 우체부」 (한얼출판사)라는 예쁜 동화책이 있다. 편지를 전달하는 우체부 곰 아저씨가 매일 다니는 흙먼지 가득한 길에 언제부터인가 조금씩 꽃씨를 심고 가꾸어 행복한 꽃동산으로 변화시킨다는 내용이다. 평상시 우리는 매일의 평범한 삶을 대부분 아무 생각 없이 살아가고 있다. 왜냐하면 당장 편지를 전달하는 일을 해야 하는 곰 아저씨처럼 지금 바로 해야 할 일이 산더미처럼 쌓여 있으니까 말이다.

성장을 위해 자신을 성찰하는 사람은 다소 불편한 환경 속에서도 긍정적인 변화를 모색할 줄 안다. 요즘처럼 변화가 일상이 된 세상은 그 변화를 창의적으로 주도하는 사람을 필요로 한다. 세상의 흐름을 어쩔 수 없이 따라가는 사람과 주도적으로 변화를 이끌어 성장하는 사람은 삶에 있어서 분명 큰 차이가 있다. 이 책 「슬기로운 자기경영」은 변화를 능동적으로 이끄는 삶의 주인공이 되기 위해서 어떻게 생각하고 관리하며 행동해야 하는가에 대한 방법론을 담았다. 취업과 진로를 앞둔 대학생이나 청소년들, 취업을 준비하는 사회 초년생들, 그리고 직장인과 제2의 인생을 계획하는 모든 사람들이 읽고 도움을 얻을 수 있는 내용으로 구성되어 있다.

「슬기로운 자기경영」은 총 7장으로 나눠져 있다.

1장에서는 변화에 대한 새로운 이해를 위해 생활 속 변화에 대한 현상과 의미를 소개한다. 변화의 물결 속에서 나 자신을 성찰하고, 한 걸음 더 성장하기 위한 자기경영 노하우를 3가지 키워드로 요약했다. 그것은 마음관리, 위기관리, 목표관리로 셀프리더에게 필요한 역량이다. 이어서 2장에서 7장까지는 3가지 키워드에 맞는 6가지 요소를 주제별로 구체적으로 소개한다.

첫째, 셀프리더로 나아가기 위한 마음관리 측면은 2장 '행동을 지속하는 힘, 동기'와 4장 생산적인 삶을 만들어 갈수 있는 힘, '객관적 성찰'에서 소개한다. 매일 다니던 흙먼지 길을 본 우체부 곰 아저씨는, 사람들이 행복할 수 있는 방법을 생각하고 바로 실천할 수 있었다. 그 동기는 성장을 꿈꾸는 곰 아저씨의 마음속 씨앗이 발현된 것이라고 할 수 있다.

둘째, 변화의 시대에 슬기롭게 대처할 수 있는 위기관리 능력이다. 3장 '셀프리더의 자존감'은 주도적인 삶의 뿌리로 나를 긍정적으로 믿어 주는 것, 7장 '실패에서 배우는 힘'에서는 실패를 통해서도 배우는 값진 경험과 자존감 향상을 강조한다. 수많은 변화의 시대에 직업도 바뀌고, IOT의 발달로 라이프스타일도 바뀌는 가운데 다양하게 시도할 수 있는 기회가 찾아오게 된다. 도전할수록 실패와 성공은 함께하기 때문에 실패하더라도 그 가운데서 더 값진 교훈과 경험을 얻을 수 있다. 그러기 위해서는 도전한 자신을 응원하고 사랑할 수 있는 자존감이 필요하다.

셋째, 변화에 효과적으로 대응하기 위한 목표관리에 대해 5장 '스스로를 통제하는 셀프리더', 6장 '변화관리를 위한 습관의 힘'에서 소개한다. 그동안 안주하던 생활 패턴에서 변화의 전환점을 맞이하기 위해서는, 현재의 익숙하고 편안한 상태에서 불편하고 두려운 미지의 세계로 한 단계 점프해야 한다. 변화에 효과적으로 대응하기 위한 습관관리는 자신을 통제하는 고통을 이겨나가야 하는 과정이다.

뷰카(VUCA) 시대라고 일컬을 만큼 복잡하고 예측 불가능한 변화의 시대에 마음관리, 위기관리, 목표관리에 대한 이야기를 통해 프로액티브한 자기경영 노하우를 생각할 수 있기를 바란다. 그리고 변화에 적응하는 것을 넘어서 변화를 주도할 수 있는 주도적인 삶으로 바꿔 나가는 셀프리더들에게 이 책 「슬기로운 자기경영」이 귀한 선물이 되기를 바란다.

수작연구회 사부작

Chapter. 01

변화의 물결 속에서 나답게 성장하는 셀프리더십

빛의 속도로 빠르게 변하는 초연결, 초지능의 시대에 변화라는 것은 우리 생활 속 일상이 되었다. 이 속에서 무엇을 지켜 내고 무엇을 준비해야 할까? 거스를 수 없는 변화 앞에 유연하게 적응하고 나를 리드하는 것은 바로 나 자신이다. 예리하고 창의적인 관점을 가진 망원경을 통해 바깥세상을 관찰하고 객관적 성찰과 소통의 현미경으로 나를 깊이 있게 성찰하다 보면 오늘보다 내일 더 성장하는 내 삶의 셀프리더로 거듭날 수 있다.

변화의 물결 속에서
나는 항해할 준비가 되어 있는가

01

변화가
일상이 된 세상

가만히 주위를 둘러보면 변화하지 않는 것이 하나도 없다. 아기가 태어나서 새로운 가족이 생기는 것, 익숙한 동네에서 다른 곳으로 이사하는 것, 직장을 옮기고 사랑하는 사람들과 이별하는 것 등 사소한 변화부터 시작해서 조직에서의 이직과 전직, 그리고 인터넷의 발달로 인한 세상의 큰 변화까지 변화는 늘 우리 주변에 함께 한다. 우리가 느끼든 느끼지 못하든 변화는 현재진행형이다. 그런데 현대는 그 어느 시대보다도 변화의 물결이 빠르고 예측하기 어렵다. 특히 요즘 디지털 시대 지식은 빛의 속도로 증가한다. 인류의 지식이 2배로 증가하는 데 걸린 시간은 100년에서 25년, 지금은 1년까지 단축된 상태이다. 그 속도는 2025년이면 12시간까지 짧아진다는 게 전문가들의 분석이다.

친분이 있는 교수님 중 한 분인 S교수는, 그 좋아하는 햄버거를 먹는 행복감을 더는 누리지 못하게 되었다고 아쉬워한 적이 있다. 매장마다 설치되어 있는 Kiosk(무인결제 시스템)가 익숙지 않아서 이제는 햄버거를 맛보는 행복을 포기했다고 한다. 경력단절로 있다가 취업을 한 H 또한 주변에서 대부분 제로페이로 결제하는 것을 보고 앱을 깔아야 할지 고민했다고 한다. 점심값도 각자 QR 코드로 찍거나 지갑에 현금 없이 카드조차도 스마트폰에 입력해 놓고 간편결제를 한다. 커피를 마시러 가면 데스크로 가서 주문하는 사람보다 스마트폰으로 주문 후 알림을 확인하고 받으러 간다. 모임 회비는 카카오톡으로 바로 송금하고 통장도 공유하고 있으니, 스마트폰과 IOT 혁명이 우리의 생활을 혁신적으로 바꾼 것은 쉽게 느끼는 부분이다.

버스가 택시로 탈바꿈하고
쓰레기통이 스마트해지는 세상

영종국제도시에 사는 40대 주부 ○○씨는 최근 마트에 가거나 장거리 이동을 할 때면 'I-MOD(Incheon-Mobility On Demand) 버스'를 활용한다. 언제 어디서든 버스를 부를 수 있기 때문이다. 휴대폰 앱을 통해 출발지와 도착지를 입력하면, 차량 위치와 이동경로를 분석하여 승객과 가장 가까운 버스 정류장으로 차량이 오는, 부르면 달려가는 버스가 오는 시대에 살고 있다[1].

경기도 고양시에는 스마트한 쓰레기통이 있다. 대로변 곳곳에 설치된 쓰레기통의 IOT 센서가 적재량을 실시간으로 공공기관에 알려줘서 효율적인 수거를 돕는다. 특히 쓰레기통에 적재량 감지센서가 부착되어 있기 때문에 쓰레기가 꽉 차서 넘쳐흐르는 등의 문제도 예방할 수 있어서 많은 호응을 얻고 있다. 고양시에 오게 된다면 태블릿을 들고 다니는 미화 공무원들을 쉽게 만나볼 수도 있을 것이다.

우리는 싫든 좋든 변화의 물결을 맞이해야 하고 적응해야 한다. 이제는 어쩔 수 없이 Kiosk 조작법을 익혀야 하고, 기계와의 대면을 당연시해야 하는 시대로 접어들었다. 은행 업무도 대면응대보다는 비대면으로 스마트폰을 통해 처리하고, 음식 배달 등 모든 유통 시스템도 스마트폰 하나로 할 수 있는 시대로 벌써 접어들었다. 페이스북은 전 세계 사람들의 연결이라는 키워드를 갖고, 어느 누구나 SNS상에서 감정표현과 공감과 '좋아요'를 통해 언제든지 관계 표현을 할 수 있다.

제4차 산업혁명 키워드에 맞는 세상의 변화와 함께 우리의 라이프스타일도 변하고 있다. 예전에는 공부를 하고, 직업을 선택하고, 정년을 맞이하면 여가생활을 즐기다가 생을 마무리하는 패턴이었다면, 지금은 교육과 노동과 여가를 병행하는 평생학습의 시대로, 커리어를 형성하는 라이프스타일로 변화되었다. 이제 변화는 우리 앞에 더 예측 불가능한 모습으로 나타날 것이다. 누군가는 그것을 기회로 만들고 또 누군가는 위기로 맞이할 것이다.

지금은 VUCA 시대, 나는 제대로 View하고 있는가

위에서 우리는 일상이 된 변화에 대해 짧게 이야기해 보았다. 위의 몇 가지 사례 외에도 아마 이 글을 읽고 있는 많은 사람이 세상의 놀라운 변화를 주변에서 흔히 경험하거나 변화에 당황스러웠던 사례가 있을 것이다. 미래에 대한 알 수 없는 두려움으로 과연 나는 잘 살고 있는지 다른 사람들과 비교해 보기도 한다. 어떻게 살아야 할지 밤새워 고민하기도 하지만 딱히 뾰족하고 명쾌한 해답을 얻기보다 머릿속이 더 복잡해지는 경우가 있다.

이렇게 불확실하고 복잡하고 예측 불가능한 현대를 한마디로 뷰카(VUCA) 시대라고 표현한다. VUCA란 변동성(Volatile), 불확실성(Uncertainty), 복잡함(Complexity), 모호성(Ambiguity)의 머리글자를 조합한 신조어로 상황이 빠르게 바뀌는 현대사회의 불안정한 금융시장과 고용시장 상황을 표현한 말이다. 보통 제4차 산업혁명시대의 불확실성과 복잡한 시대상을 이렇게 표현한다.

케네디 스쿨 데이나 본(Born) 공공리더십센터 선임연구원은 이런 혼란의 시대에는 "자기 스스로를 정확하게 인식(Self-awareness)하고 호기심으로 무장한 채 협력적 자세로 나아가야 한다."라고 강조했다. 군인인 그녀는 30년간 공군에서 복무하고 준장으로 예편했다. 인류학자 마거릿 미드는 "다른 모든 사람과 마찬가지로 네가 특별한 사람이란 걸 항상 기억하는 것이다[2]."라는 유명한 말을 남겼다. 이것은 혼란의 시대일수록 명확한 자기인식과 삶의 중심을 세울 것을 강조한 말이다.

나에 대한 명확한 인식이나 중심이 없다면 변화되는 세상의 기준에 한없이 흔들리게 된다. 흔한 예로 SNS를 통해 쏟아져 나오는 타인들의 행복한 모습에 자칫 자존감을 잃고 실망하거나 이리저리 타인의 기준에 따라 움직이고, 결국에는 삶의 방향성마저 흔들리게 된다. 나는 변화하는 이 세상을 제대로 바라보고 있는가?

Run하는 세상에서
제대로 나를 Learn하는 법

02

변화와 마주해야 하는 당신
무엇을 생각하는가

앞서 우리는 변화가 일상인 세상에 대한 이야기를 나눠 보았다. 20세기 말부터 속도를 내기 시작한 정보기술 혁명과 경영혁신의 급격한 조직의 변화는 경쟁에서 살아남기 위해 끊임없는 혁신과 개인의 변화를 요구하는 시대가 되었다. 사람들은 이러한 변화에 대해서 생각해 보거나 대응책을 마련할 시간도 없이 변화되는 세상에 휩쓸리거나 방향성을 잃어버리기에 충분했다. 특히 시장에서 살아남아야 하는 기업들은 변화에 적응하지 못하면 바로 사라지기 때문에 더욱 민감한 사항이다. 간단한 예로 기업이 소비자들을 대상으로 하는 광고나 마케팅 전략에서도 찾아볼 수 있다. 기존에는 일방적인 광고나 상품에 대한 홍보 메시지 위주였다면 지금은 어떠한가? 점점 소비자와 함께 만들어 가고 참여하는 마케팅 전략으로 바뀌고 있다.

안경을 생산하는 와비파커(Warby Parker)는 소비자에게 한 번에 5쌍의 안경을 보내 준다. 안경을 받은 소비자가 안경 쓴 모습을 사진으로 남겨 SNS에 올리면 친구들은 가장 어울리는 안경을 선택한다[3]. 이런 방식은 자연스럽게 와비파커라는 브랜드의 홍보가 되고, 기업과 소비자가 함께 브랜드를 키워 나가는 소통방식의 마케팅 전략이 된다. 경기도의 어느 재래시장은 최근 코로나19 여파로 매출이 급락하자 '놀장'이라는 온라인 전통 배달 서비스를 시작하여 긍정적인 호응을 얻고 있다.

변화에 살아남기 위한 기업의 변신은 앞으로도 계속될 것이다. 그러므로 우리는 기억해야 한다. 그 안에서 함께하는 개개인의 주도적인 삶을 추구하는 셀프리더십을 갖춘 인재들을 조직에서 필요로 한다는 사실을. 기업뿐만 아니라 개인도 많은 변화를 겪고 있다. 평생직장 개념이 사라지고 언제 떠나야 할지 모르는 직장에서 업을 찾기 위해 미래에 대해 준비해야 한다. 주변의 모든 사회적 시스템은 아침에 일어나면 새롭게 바뀌는 상황이다. 계속 무언가를 배우지 않으면 불편함을 넘어 생존의 문제로까지 연결되는 시대이다. 우리는 어떤 환경에서 어떤 모습으로 살아가든 먼저 자신을 다스리며, 변화에 유연하게 적응하고 스스로에게 영향력을 끼칠 수 있는 셀프리더로 훈련되어야 한다.

변화의 속성,
그 속의 또 다른 힘

지리학에서 사용하는 개념으로 장소감이란 것이 있다. 장소감은 익숙함의 여부에 따라 크게 두 가지로 나뉜다.

하나는 제자리에 있는 'in place' 느낌이고 다른 하나는 제자리를 벗어난 'out of place' 느낌이다. 우리는 제자리에 있을 때 편안함과 안정감을 느낀다. 안식처인 집, 항상 다니는 학교, 일터, 카페 등 낯익은 모든 것이 마음을 편안하게 해준다[4]. 실제로 잘 가는 카페가 있다면 갈 때마다 앉는 그 자리가 편하고 좋아서 들어서자마자 먼저 찾게 되는 경험이 있지 않은가?

이와 같이 우리는 익숙한 것, 안정적인 것, 편안한 것을 좋아하게 되어 있다. 반면에 제자리를 벗어난 out of place 느낌처럼 익숙한 것에서 벗어난다는 것은 뭔가 불안하고 불편하고 안정성을 느끼지 못한다. 이렇듯 변화는 우리를 불편하고 불안정하게 만든다. 나아가 장소를 이동하는 것 외에 생활패턴이 변해 가는 것, 그리고 익숙지 않은 도구를 사용해야 하는 것, 기존과는 다른 새로운 시스템 속에 들어간다는 것, 이 모든 것이 불편과 불안을 가져다 주기에 충분하다. 여기에 속도가 빨라지거나 전혀 예측하지 못하는 변화 속에서는 더욱 당황스럽다. 중심을 잡기가 힘들어진다.

그러나 이러한 out of place 느낌을 새로운 창의적 전환점으로 만든 사례도 많으니 불편한 변화의 상황을 다른 시각으로 바라보는 습관도 필요하다. 책만 판매하는 곳으로 알려진 서점에서 예약제로 상담하고 책 처방을 해주는 새로운 개념의 '사적인 서점'이 생겼다. 이것은 어울릴 것 같지 않은 서점에서의 상담과 처방이라는 이질감을 오히려 강점으로 전환시킨 사례이기도 하다. 흔히 익숙한 집을 떠나서 새로운 여행지로 떠나는 것도 새로운 세상과 나를 객관적으로 바라볼 수 있는 out of place의 가장 쉬운 방법이다.

변화에 유연하게
적응하는 사람들

B는 조직생활을 15년 동안 하면서 많은 변화를 겪은 경험이 있다. 2000년 초반부터 바뀌기 시작한 회사의 변화는 멈추지 않았다. 부서가 통합되고, 새로운 부서명으로 바뀌고, 팀원 수는 줄어들어 한 사람이 멀티플레이어가 되어서 일해야 했다. 조직 시스템이 바뀔 때마다 사람들은 자의든 타의든 퇴사하거나 이직을 했다. 도저히 새로운 시스템에 적응할 수 없었기 때문이다. 특히 조직에서 오래 근무하거나 인정을 많이 받았던 사람들은 더욱더 회의감과 충격을 견디지 못하고 회사를 박차고 나갔다.

결국 최후까지 회사에 남을 수 있었던 사람들은 대부분 유연하게 조직 시스템에 적응하고 업무에 적응한 사람들이었다. 그들의 공통점을 살펴보면, 조직이 바뀌거나 그로 인한 개인적인 불편함이 생겨도 긍정적인 마음으로 즐겁게 받아들인 사람들이었다. 그리고 추가되거나 과하게 부과된 업무라도 거부하거나 불평불만하기보다는, 자신이 성장할 수 있는 기회로 삼고 적극적으로 유연하게 응했던 사람들이었다. 당시 서비스 업무를 담당하던 B는 교육 업무가 추가되었는데도 불평하지 않았다. 서비스 교육 매뉴얼을 만들고 타 지점까지 확대하여 교육도 담당하게 되었다. 오히려 잠재되어 있던 자신의 재능을 끌어낼 수 있는 기회로 만든 것이다. 변화는 누군가에게는 기회로 다가와 성장동력으로 되기도 하니 변화에 적응하면서 나답게 성장할 수 있는 동력을 찾아보자. 왜 변화해야 하는지, 어떻게 변화해야 하는지 스스로 질문을 던지면서 세상을 바라보게 된다면 삶의 주체적인 주인공이 되어 그 변화의 물결 속으로 당당히 걸어갈 수 있는 Proactive한 셀프리더로 성장할 수 있을 것이다.

내 삶의 중심 잡기

벤처기업을 운영하는 대표 S는 우연히 아이와 놀아 주는 영상을 찍어 유튜브에 올리자 많은 반응을 얻게 되었다. 구독자가 늘어나고, 공식석상에도 많이 참가하면서 유명해지기 시작했다. 그런데 생각지 못한 고민이 생겼다고 한다. 좀 더 자극적인 영상을 올려야 구독자가 많이 늘어나니 소재를 바꿔 보라는 주변의 제안을 받은 것이다. 그는 잠시 고민했다. 아이와 아빠의 좋은 추억을 만들려고 시작한 영상이지만, 조금만 마음을 바꾸면 수입도 전보다 훨씬 늘어나고 점점 유명해질 수 있으니 한번 바꿔 볼까 하는 유혹에 흔들렸다. 그러나 돈을 조금 더 벌 수 있고 유명해진다고 해서 아이들에게 유해한, 자극적인 영상을 올리면 처음 가졌던 순수했던 마음을 잃게 되고, 아이에게 아빠로서 당당하지 못할 것 같았다. 그래서 처음 그 생각을 지키기로 마음먹었다.

변화의 시대는 기회도 많지만 그 기회 속에서 자칫 인생의 가치관과 방향을 잃을 함정도 많다는 것을 알아야 한다. 주체적인 생각과 가치관이 올바로 세워져 있지 않으면 선택에 있어서 오류를 범할 수도 있다는 말이다. 성공을 추구하고 성공을 향해 달려가지만 정작 자신을 관리하며 통제하고, 내적 세상을 다스리는 셀프리더십의 부재로 한순간에 공들여 쌓은 모든 것을 잃을 수 있기 때문이다[5]. 그렇다면 우리에게 다가오는 이 불확실한 시대에 우리는 무엇을 생각해야 할까?

내 삶의 리더로 나아가는
셀프리더십

어느 날 개구리 두 마리가 크림 통에 빠졌다. 첫 번째 개구리는 부드럽고 찐득거리는 크림 통에서 도저히 빠져나갈 방법이 없다고 생각했다. 그래서 일찌감치 죽을 운명이라고 받아들여 빠져나갈 방법을 생각지도 않은 채 죽었다. 두 번째 개구리는 결코 죽고 싶지 않았다. 크림 위에 떠 있기 위해 심하게 몸부림치면서 한순간도 멈추지 않고 헤엄을 쳤다. 몇 시간 후 이 두 번째 개구리가 빠져 있던 크림 통은 그 녀석의 몸부림 때문에 버터로 변해 버렸다. 이렇게 해서 두 번째 개구리는 무사히 크림 통을 빠져 나올 수 있었다. 첫 번째 개구리는 세상이 자신을 지배하도록 내버려 두었기 때문에 죽을 수밖에 없었다. 두 번째 개구리는 주어진 상황을 극복하려고 열심히 몸부림쳤기 때문에 살 수 있었다.

셀프리더십이란 세상이 나를 지배하도록 방치하는 것이 아니라 스스로를 통제해서 나아가도록 하는 것이다. 한마디로 자기 자신에게 영향을 미치는 지속적인 과정이라고 정의된다[6]. 넘쳐나는 정보의 홍수 속에서 유연성과 적응성의 태도는 셀프리더가 갖춰야 할 능력이 되었다. 나와 타인을 연결하고 공감과 소통으로 협업하는 셀프리더의 능력은 먼저 나의 마음 안에서 시작된다. 세상의 변화가 나를 움직이는 것이 아니다. 이제 지금까지와는 새로운 방법과 대안을 생각해야 한다.

그러기 위해서는 상황을 다르게 보고 유연성 있게 바라보는 힘이 필요하다. 지금까지와는 다른 방법으로 선택하고 문제를 해결해야 하는 시대에 와 있다. 선택은 타인이 아닌 내가 해야 하는 것이다. 나다운 선택, 유익한 선택을 하기 위해서는 나다운 가치관과 통찰이 필요하다. 단지 변화되는 세상을 바라보고 그 변화를 따라가기만 하는 것이 아닌, 그 변화 속에서 준비해야 할 것이 무엇인가를 알아야 한다. 나다움을 잃지 않고 삶을 이끌어갈 수 있어야 한다. 세상이 나를 지배하도록 내버려두는 것이 아니라 스스로를 통제하여 긍정적으로 나아가도록 하는 것이다. 그것이 바로 셀프리더의 길이다.

변화로 인한
선택의 길이 나타난다면

정해진 길을 루틴하게 가는 거라면 그 길대로 열심히 가면 된다. 하지만 생각지도 못한 상황에서 숲길을 만난다거나 선택이 필요한 갈림길을 만난다면, 예전 방식대로의 삶은 전혀 도움이 되지 않는다. 인공지능(AI)을 기반으로 하는 시스템이 만연하면서 인간보다 뛰어난 기계가 출현하고 사회 시스템이 바뀌는 특이한 시대에는, 전과 차원이 다른 문제가 나타난다. 전혀 예측하지 못한 문제가 다가온다.

전에는 정보와 지식의 속도전을 감당할 수 있는 기술적(Technical) 리더십이 관건이었다면, 이제는 패러다임 자체가 바뀐 세상에 맞춰 사는 적응적(Adaptive) 리더십을 요구하는 시대가 되었다. 인간보다 더 똑똑한 AI와 함께 공존하는 지금, 삶의 변화와 인간과 기계의 공존에 대해 전혀 다른 사고의 틀이 필요하다는 것이다. 마티어스 리스(Mathias Risse) 케네디 스쿨 교수는 '적응적 리더십은 체계 안에서 해결책을 찾는 게 아니라

박스를 벗어나(out of the box) 생각해 보는 것'이라고 말했다. 원점에서 다시 시작한다는 기분으로 자신의 무능력을 철저히 해부해 보고 변화를 함께 받아들이라는 충고이다[7].

시대가 요구하는 셀프리더십의 필요성

20세기 말부터 가속된 정보기술혁명을 비롯한 경영환경의 급격한 변화는 경쟁에 살아남기 위한 개인과 기업들에게 끊임없는 혁신과 변화를 요구하였다. 이는 과거 수직적이고 권위적인 조직을 수평적인 조직으로 바꾸는 계기가 되었다. 이러한 변화로 인해 종사자 개인이 발휘할 수 있는 역량에 대한 중요성이 강조되었다. 이는 개인 임파워링의 핵심적인 부분인 셀프리더십이 등장하는 배경이 되었다. "셀프리더십은 과업을 수행하기 위하여 필요한 자기주도(Self-direction)와 자기동기부여(Self-motivation)를 이루기 위해 스스로 자신에게 영향력을 행사하는 과정이다[8]."라고 학자들은 정의하기도 했다.

셀프리더십이란 1980년대 이후 사회의 변화로 사람들의 가치변환과 함께 기존의 기업경영 방식으로는 조직의 목표달성이 어렵다는 것을 알고, 기업이 높은 성과를 올릴 수 있도록 미국의 경영학자인 Manz와 Sims가 제안한 개념으로 기존의 리더십 이론과는 다르다. 지도자나 관리자의 경영계층에 바탕을 둔 개념이 아닌, 내부조직 구성원들에게 바탕을 둔 것이다. 개인이나 혹은 조직 구성원들이 올바른 방법으로 업무를 수용하는 데 필요한 방향제시를 한다.

자기관리나 스스로에게 동기부여를 함으로써 개인의 목표성취나 조직의 성과를 높이기 위해 필요한 지도력을 자율적으로 발휘, 자신에게 긍정적인 영향력을 행사하게 된다. 또한 자신 외에 타인에게까지도 영향을 줄 수 있는 하나의 현상이라고 정의한다[9]. 셀프리더십은 스스로에게 영향력을 미치는 마음과 실천의 자기관리이다.

학자별 셀프리더십의 정의

Manz와 Sims의 연구에서 셀프리더십은 스스로 자신에게 영향을 미치기 위한 과정으로 자기통제 이론에 바탕을 둔 자기관리 개념을 확장한 것이라고 정의하고 있다. 이 외에도 셀프리더십의 정의에 대해서 여러 학자가 다양하게 정의했는데, 여기서 몇 가지 공통점을 뽑아 살펴보고자 한다.

학자별 셀프리더십의 정의[10]

연구사	정의
Neck, strewatt, & manz(1995)	과업을 수행하는 데 필요한 자기 방향 설정과 스스로 동기 부여를 하기 위해 자신에게 영향력을 행사하는 과정
Muller(2006)	자기 목표 설정과 열망을 가지고 접근하는 행동 및 정신적 과정에 의한 의도적인 행동
Coxsims & yun(2006)	자기 스스로의 행동을 통제하려는 의도 및 자신의 효율성을 지키기 위해 노력하는 영향력
Alves, lovelace, manz matsyputa, toy asaki, & ke(2006)	자기 스스로에게 영향을 미치는 과정과 관련된 자기관리의 개념

다른 요소도 발견할 수 있지만 위의 표를 통해 변화에 대응하는 셀프리

더가 되기 위해 준비할 사항을 크게 세 가지로 뽑아 보았다. 첫째, 예측 불가능한 세상에 스스로에게 영향력을 미치는 과정인 마음관리 측면이다. 변화에 흔들리고 기준점을 잃을 때는 마음관리가 우선이다. 둘째, 어떤 변화가 다가올지 모르는 다양한 시대에 문제해결을 할 수 있는 위기관리 능력에 대해 이야기를 나눠 보고자 한다. 생각지도 못한 새로운 길이 나타났을 때 즉각적이고 지혜롭게 헤쳐 나갈 수 있는 위기관리 능력은 꼭 필요하다. 셋째, 슬기롭게 대처하는 셀프리더로서의 목표관리에 대한 이야기이다.

이제 우리는 긱 워커, 프리랜서라는 직업이 대중화되고, 내가 나를 고용하는 시대에 살고 있다. 이럴 때 목표를 정하고 기획하고 운영하는 사람은 바로 자신이다. 그러므로 목표관리 능력은 필수요건이라 할 수 있겠다. 그러면 셀프리더십의 정의와 개념에 대한 내용을 토대로 위 요소에 대해 구체적으로 함께 생각해 보기로 하자.

변화의 시대에 필요한
나 경영법 셀프리더십

03

모든 리더십의 기초가 되는 셀프리더십

미국 매사추세츠대학 아이젠버그 경영대 만츠(Manz) 교수는 모든 리더십 발휘의 가장 중요한 핵심 엔진으로 '셀프리더십' 개념을 수립했다. 그는 셀프리더십을 '자신에게 긍정적 영향을 주는 주도성과 진보를 위한 열망 및 의지를 통해 성과향상과 개인 효과성 향상을 위한 의도적 변화를 하는 것'이라고 정의했다. 이 셀프리더십이 대인 간(Micro)의 리더십, 팀 리더십뿐만 아니라 전략적(Macro) 리더십의 근간으로 작용하여 조직의 성과를 좌우한다고 했다.

셀프리더십은 구성원들의 자기주도성을 증진시킴으로써 역량을 향상시킬 수 있다는 점에서 중요한 의미를 갖는다. 내적인 동기부여로 개인의 창의성과 자발적인 능력 발휘를 통해 자신과 조직의 변화 및 성과를 이끌어낼 수 있는 새로운 패러다임이다. 한 사람의 리더가 구성원에게 영향을 미치는 일반적인 리더십과는 달리 스스로에게 영향을 미치고 자신의 능력을 증진시킨다.

이런 변화 속에 주목받는 리더십 하나가 바로 셀프리더십(Self-leadership)이다[9 재인용]. 이것은 개인에게도 필요하지만 조직을 이끌어가는 기업경영에도 적용된다. 동기가 있는 개인이 훨씬 더 높은 성과를 올린다는 측면에서 기업경영에서도 필요로 하는 개념이다. 그러면 변화에 적응하고 셀프리더십을 발휘하여 좀 더 행복한 성장을 위한 발판을 준비하는 마음관리, 위기관리, 목표관리에 대해 살펴보기로 하겠다.

변화에 유연하게 대처하는
마음관리

사군자 중 하나로 절개가 곧은 사람을 뜻하는 대나무가 있다. 대나무는 보통 10~15m로 자라거나 더 큰 것은 40m가 된다. 높이 자라도 태풍에 꺾이거나 잘 쓰러지지 않는다[11].

대나무 숲에 가 본 경험이 있다면 바람에 이리저리 흔들리며 잎이 부딪치는 여유로운 소리를 들을 수 있었을 것이다. 우리의 마음도 대나무처럼 여유롭고 유연한 준비가 필요하지 않을까 생각한다. 그렇다면 무엇보다도 그 변화에 대응하기 위한 유연한 자세가 있어야 한다. 변화의 바람은 우리에게 토네이도나 큰 장대비처럼 언제 다가올지 모르는 자연의 위기와 같다. 세상을 살아가는 데 있어서도 작은 변화부터 큰 변화까지 거스르거나 방어할 수 있는 것이 아니다. 어쩌면 변화는 또 다른 성장을 위한 필수 과정이라고도 할 수 있다.

그 변화의 바람에 유연하게 대응하여 성장의 기회로 만들어야 한다. 변화를 외면하고, 왜 변해야 하느냐며 불평하는 것이 아닌, 그 변화 속에 어떤 새로운 성장과 기회가 있는지 주도적으로 찾아내려는 의지가 필요하다. 우리는 자신의 힘으로 지속적으로 변화하고, 진화할 뿐만 아니라 주체적으로 미래를 창조해 가는 존재이기 때문이다. 보다 바람직한 자기인식과 성찰은 내가 살아가는 이유이자 나를 움직이는 힘을 갖게 할 것이다.

자기성찰과 동기를 통해 보는 마음관리

저명한 리더십 학자 하워드 가드너의 다중지능이론 중 자기성찰지능이 있다. 자기성찰지능이란 자신을 느끼고 이해하는 데 예민하고 유능하며, 자신과 관련된 문제를 잘 풀어내는 능력이라고 풀이하고 있다. 실제로 스탠포드, 코넬대학교에서 실시한 연구에 의하면 불확실성의 시대에도 지속적으로 높은 성과를 내는 리더들에게 나타난 두드러진 특징은 '자기인식력'이 매우 높은 것이었다. 자기인식이란 완결된 정체성을 의미한다. 내면의 탐구로부터 자기주도성과 효능감을 높이고, 이를 바탕으로 조직 내에서 창조적 역할을 발견하도록 한다. 자기모순을 발견하고 동기부여를 함으로써 자기표현을 통해 긍정적인 피드백을 수용한다.

자기인식의 또 다른 설명을 들어 보자. 심리학 이론 중 자기인식이나 자기이해 모델로 불리는 조하리의 창 심리학 이론이 있다. 미국의 심리학자 조셉 루푸트(Joseph Luft)와 해리 잉햄(Harry Ingham)이 1955년 발표한 논문에 제시한 내용이다. 대인관계에서 자신이 어떻게 보이고 또 어떤 성향이 있는지를 파악할 수 있도록 한 심리학 이론이다[12]. 변화에 유연하게 대응할 수 있는 자기 자신에 대한 끊임없는 성찰은 셀프리더에게 필요한 능력 중 하나라고 할 수 있다. 자기성찰은 나의 인지상태를 들여다보는 것이다.

소크라테스도 "너 자신을 알라."라고 하지 않았던가? 변화 앞에서 두려움에 당황하는 자신을 깊이 성찰하면 스스로의 내면을 어느 정도 들여다볼 수 있기 때문이다. 내면의 소리를 듣다 보면 내가 정말 원하는 것이 무엇인지, 무엇을 갈망하는지 그 동기를 알고 행동하게 될 것이다. 동기란 나를 움직이게 하는 원동력, 즉 내면의 힘이라고 말할 수 있다. 변화관리를 위해 내가 가지고 있는 강점과 보완할 점을 있는 그대로 성찰하고, 나를 성장으로 이끄는 원동력인 동기를 장착하는 셀프리더로 성장하자.

변화에 슬기롭게 대처하는 위기관리

변화는 우리에게 위기일까 기회일까? 변화의 시대에 대응하는 방법은 여러 가지가 있다. 누군가는 커리어 능력을 많이 쌓기도 하고, 건강과 삶의 여유를 준비하기도 하고, 관계에 대한 네트워크를 쌓는 사람들도 있을 것이다. 여기서는 변화에 슬기롭게 대처하는, 실패에서 배우는 힘과 그 힘의 기본인 자존감의 중요성에 대해 이야기해 보고자 한다. 변화는 현재를 뛰어넘어 더 성장하기 위한 현상이기 때문에 위기감보다는 성장의 모토로 삼아야 함을 염두에 두자.

변화가 일상인 세상에서 우리는 많은 성공과 시행착오를 겪는다. 그리고 그 과정에서 자존감이 높아지기도 하고 낮아지기도 한다. 성공이든 실패든 도전을 해 봐야 그 결과를 알 수 있다. 실패하면 물질적인 손해도 보지만 자신에 대한 믿음이나 자존감이 떨어질 수도 있다. 그래서 더 두려운 것일지도 모른다. 그러나 자존감이 높은 사람은 실패를 오히려 더 나은 성장의 기회로 삼고 긍정적으로 나아간다. "실패는 성공의 어머니"라는 오래된 속담처럼 성공은 실패 속에서 더 빛을 낸다. 성공한 사람들의 잘 알려진 일화를 통해 실패 속에서도 끝까지 포기하지 않고 다시 도전하여 성공한 사례를 찾아볼 수 있다.

실패를 통해 성장하는 사람들

우리에게 잘 알려진 에디슨은 1,200번의 실패를 통해 전기 발명품을 만들어 낼 수 있었다. 아인슈타인 역시 9살 때까지 제대로 말을 못 해서 지진아 소리를 들었다. 독일의 중등교육관 김나지움에 적응하지 못하고 독학으로 취리히 공과대학에 지원했다가 낙방하기도 했다. 대학을 졸업한 뒤에도 어려움 속에 전전했지만 포기하지 않고 물리학을 계속하여 인류 업적에 큰 공을 세운 한 사람이 되었다.

'실패한 인생'이라고 해도 될 만큼 에이브러햄 링컨도 많은 실패를 겪었다. 지독하게 가난한 집에서 태어났고, 젊은 시절 사업 실패로 거액의 빚을 졌고, 선거에 출마해서는 번번이 낙선했다. 어릴 때는 어머니와 누나의 죽음을 목격했고, 자라서는 약혼녀와 두 아들의 죽음을 경험했다. 실패와 역경, 슬픔으로 뒤덮인 삶이었지만 그는 낙천적이고 유머가 넘쳤다. 링컨은 "성공에는 별다른 비밀이 없다. 성공은 철저한 준비와 노력, 실패에서 배우는 교훈의 결과다."라고 말했다. 그는 실패 속에서도 낙담하지 않는 특유의 내공으로 노예해방을 이루고, 남북전쟁이란 크나큰 시련 속에서도 하나의 미국을 지켜내는 데 성공했다[13].

실패보다 성공하는 것이 좋은 일이지만 실패를 통해서 분명 우리는 많은 것을 경험하고 배운다. 자존감이 높은 사람은 실패 속에서도 새로운 깨달음과 겸손을 배우고, 그 속에서 더욱더 자존감 향상이라는 단단한 마음의 근력을 키워 나간다.

변화에 효과적으로 적응하는 목표관리

변화의 시대의 셀프리더는 주도적이면서 능동적으로 일하는 사람이다. 선행적으로 Proactive하게 일하기 위해서는 미리 계획을 세우고 효율적인 업무 스타일도 갖춰야 한다. Work Smart하게 미래를 준비하고 시간관리와 업무관리를 해야 한다. 폴 부르제(Paul Bourget)는 이렇게 말했다. "미리 생각하고 의도대로 준비하지 않으면 세상이 이끄는 대로 살아가게 된다."

셀프리더십의 속성 중 하나는 목표를 달성하기 위해 스스로를 이끌어

나가는 능력이다. 사람들은 어제보다 나은 오늘의 나, 오늘보다 나은 내일의 나를 만들기 위해 그때마다 목표를 정하고 다짐한다. 새해가 될 때마다 계획을 세우고 다짐하기 위해 추운 날씨를 뚫고 바닷가나 산으로 해돋이를 떠나고, 새해 다짐을 가슴에 새기고 돌아온다. 매년 다이어리에 다이어트부터 시작해서 자격증 따기, 승진하기 등 목표에 대한 사람들의 열망은 성공과 실패에 관계없이 이어지고 있다. 서점에 가 보면 자기계발서 중 목표관리에 대한 책이 빠지지 않고 올라와 있다.

또 성공한 위인들이나 사회적으로 영향력 있는 사람들도 목표관리에 대한 조언과 충고를 강조했다. 세계 최고의 부자 워렌 버핏은 목표관리 4단계를 주장했다.

1단계 : 이루고 싶은 25개 목록 작성하기
2단계 : 이 중에서 가장 중요한 다섯 가지 목록 선정하기
3단계 : 다섯 가지 목록의 실천계획 세우기
4단계 : 나머지 20개에 관심을 버리기

이처럼 많은 목표를 달성하려고 하기보다 가장 우선순위의 중요한 목표에 집중할 것을 말하고 있다. 세계적인 경영 컨설턴트 브라이언 트레이시는 목표를 달성하기 위한 7단계를 구체적으로 주장한다.

1단계 : 본인이 원하는 것 알기
2단계 : 목표를 종이에 기록하기
3단계 : 목표를 달성할 기한 정하기
4단계 : 리스트 만들기
5단계 : 우선순위에 맞게 리스트 정리하기

6단계 : 목표한 계획을 실천에 옮기기
7단계 : 목표로 다가가기 위한 무언가를 꾸준히 실천하기

이 외에도 앤드류 카네기의 '소망 달성을 위한 6가지 원칙', 유명한 컨설턴트 아이비 리의 '2만 5천 달러짜리의 조언' 등 목표관리의 중요성은 아직까지도 많은 사람에게 좋은 참고가 되고 있다.

자기통제를 통한 습관관리

이렇게 성공한 사람들의 목표달성법의 중요한 요점을 살펴보면, 나에게 가장 필요한 우선순위의 목표를 정하고 그것을 구체화하여 실전할 수 있게 만드는 것이 매우 중요하다는 사실을 깨닫게 된다. 그럼에도 불구하고 새해 첫날, 입사 첫날 자신 있게 세운 목표를 실천하기란 쉽지 않다. 자, 가만히 생각해 보자. 이 글을 읽고 있는 여러분 중에도 처음에는 자신 있게 큰 목표를 세웠지만, 시간이 지날수록 의지박약과 여러 가지 이유로 실패한 경험을 한 적이 있지 않은가?

나를 위해 내가 세운 목표인데 왜 우리는 실패하는 경우가 많을까? 그것은 목표를 위해서 지금까지의 습관이나 행동이 바뀌어야 하는데, 그것을 이기고 실천할 수 있는 자기통제가 부족했기 때문이다. 당장 쉬고 싶고, 게임을 하고 싶고, 쇼핑을 하고 싶은 마음이 굴뚝같은데 그러한 것들을 체념하고 목표대로 행동을 바꾼다는 것은 웬만한 통제력이 없으면 어려운 일이다.

얼마전 S사 프로그램 중 소상공인을 대상으로 컨설팅을 해 주는 방송을 보게 되었다. 위생상태의 개선이 필요한 사장에게 조언하는 장면이었다. "위생적인 척하려고 노력하다 보면 그것이 습관이 되어 위생적이게 된다. 나도 카메라 앞에서 공손하고 순화된 언어를 사용하려고 노력하다 보니 그것이 체화되어 지금은 자연스럽게 되었다."라고 말하는 것을 보게 되었다. 몸에 체화되는 것, 의도적으로라도 하다 보면 나도 모르게 몸에 배는 것, 그것이 바로 습관이 아닐까? 운동이나 다이어트, 공부 등 내가 성장하기 위해 목표를 향해 가려면 나를 이길 수 있는 자기통제력과 체화시켜 나가는 습관의 힘이 무엇보다 중요함을 이야기하고 싶다. 자기통제를 통한 습관관리는 변화하는 시대에 한 걸음 더 성장하는 셀프리더로서의 중요한 능력이 될 것이다.

변화의 물결 속에
나를 지키는 6가지 요소

04

급변하는 시대에 자기관리를 하는 것은 매우 중요한 일이다. 변화가 일상인 시대의 특징은 기준점과 원칙이 없다는 것이다. 옳고 그름의 잣대도 오늘의 상황과 내일의 상황에 따라 다르다. 이러한 환경에서 마음관리가 탄탄하지 않다면 우리의 마음은 파도에 흔들리는 종이배처럼 위태롭다. 내면의 중심이 곧고 확실하게 서 있다면 만에 하나 실패하더라도 책임감으로 다시 일어설 수 있다.

나의 선택이었기에 누군가를 탓하거나 비난하지 않는다. 나의 성장을 위해 시도했던 일이었기에 실망하거나 좌절하지도 않는다. 다만 내가 무엇을 놓쳤는지, 무엇을 보완해야 하는지 자기성찰을 통해 다시 시도할 수 있으면 된다.

다음 챕터부터는 빛의 속도로 빠른 변화의 시대에도, 나다운 나로 행복한 삶을 만들어갈 수 있는 6가지 요소에 대해 이야기를 펼쳐 나가고자 한다. 물론 셀프리더로서 행복한 삶을 만들어 가는 방법은 많이 있지만 중요한 키워드라고 생각되는 부분을 여러분과 함께 나눠 보고자 한다.

첫째, '마음관리'를 위해 우리를 끊임없이 움직이게 하는 '동기'와 '객관적 성찰'에 대해 구체적으로 풀어 나가고자 한다. 셀프리더는 자신의 내면 세계를 관찰하고 진정한 자신을 찾고자 하는 자기인식부터 시작한다. 의식하든 의식하지 못하든 자아상을 가지고 있기 때문에 나의 감정과 사고 패턴을 관찰하고 살펴보아야 한다. 그 안에서 내가 원하는 삶과 행복한 삶에 대한 비전을 발견하고 움직이게 된다.

둘째, '위기관리'를 위한 '자존감 향상'과 '실패에서 배우는 힘'에 대해 이야기하고자 한다. 급변하는 시대에 우리가 생각하지 못한 문제는 어느 장소에서 어떤 모습으로 나타날지 모른다. 하지만 변화는 우리에게 위기가 될 수도 있지만 어쩌면 새로운 성장의 기회가 될 수도 있다. 문제를 정확하게 바라보고 새로운 측면에서 바라볼 줄 아는 눈을 키워야 한다. 기존의 틀에서 벗어나 상자 밖에서 생각할 줄 알아야 한다. 거꾸로 볼 줄도 알아야 한다. 생각지도 못한 문제 앞에 생각지도 못한 해결방법을 그릴 줄 알아야 한다. 이것은 실패를 두려워하지 않는, 도전과 경험 속에서 쌓을 수 있는 소중한 결과이다. 내가 나를 믿고 나아갈 수 있는 원동력이다.

셋째, '목표관리'를 위한 '자기통제력'과 '습관의 힘'에 대해 이야기하고자 한다. 습관은 양면이 있다. 좋은 습관이든 나쁜 습관이든 나의 몸에 편하게 체화된 행동 결과물이다. 그런데 이것을 새로운 습관으로 바꾸기 위해서는 뼈를 깎는 통제력이 있어야 한다. 익숙하고 편안한 곳에서 미지의 다른 영역으로 옮겨 가기 위해서는 자기를 이기고 넘어서는 신념과 행동이 뒤따라야 하기 때문에 쉬운 일이 아니다.

세상의 기준에 흔들리지 않고 변화에 유연하게 적응하기 위한 셀프리더십의 6가지 요소에 대해 알아보고 셀프리더로서 진정한 내 삶의 주인공으로 살아가는 첫 항해를 시작해 보고자 한다.

Chapter. 02

행동을
지속하는 힘,
동기

변화의 시대에 살아남으려면 자신의 행동을 유발시키는 동기가 필요하다. 그중에서도 내적동기를 강화해야 스스로 몰입하고 지속할 수 있다. 삶의 의미가 있는 사람은 변화 속에서도 중심을 잃지 않고 원하는 방향으로 갈 수 있으며, 호기심은 그 자체로 행동을 유발하며 흥미를 느껴 열정적으로 몰입하게 된다. 결국, 의미를 깨닫고, 호기심을 갖고 시도하는 것은 동기를 강화하며, 변화관리에 필요하다!

동기가 왜 중요할까?
동기가 뭐길래

01

**우리가
행동을 하는 이유**

"이번에는 제대로 다이어트할 거야.", "올해는 진짜 금연해야지.", "아침에 일찍 일어나서 하루를 시작하는 아침형 인간이 되겠어.", "동영상으로 매일 30분 이상 영어공부해야지."

새해가 되면 볼 수 있는 우리의 익숙한 모습이다. 이런 모습을 보면 사람들에게 변화에 대한 의지가 있음은 분명하다. 그게 작심삼일일지라도 말이다.

"진짜 다이어트하려고 했는데….", "그래도 일주일은 참았는데….", "꼭 아침에 일찍 일어날 필요는 없지 뭐. 난 저녁형 인간이 맞는 것 같아.", "역시 영어공부는 혼자서는 안 돼. 학원에 다녀야겠어!"

이 모습도 낯설지 않을 것이다. 변화하기로 마음먹고 시도했지만 성공하고 이어가는 것이 쉽지 않다. 많은 사람이 이렇게 포기하고 실패하지만, 분명한 건 지속하고 성공하는 사람들이 있다는 것이다. 무엇 때문에 결과가 달라지는 것일까?

사람들의 변화하려는 마음이 어디에서 왔는지부터 생각해 보자. 매슬로(Maslow, 1954)의 욕구단계이론에 따르면 인간은 기본적으로 다섯 가지 욕구(생리적 욕구, 안전욕구, 사회적 욕구, 존경욕구, 자아실현의 욕구)에 의해 동기부여가 된다고 한다. 하지만 이 이론은 저차원의 욕구가 충족되어야만 고차원의 욕구가 발현된다는 점에서 현실적이지 못하다는 비판에 직면했다. 이를 보완하여 알더퍼(Alderfer, 1972)는 인간의 핵심적 욕구를 존재욕구(Existence), 관계욕구(Relatedness), 성장욕구(Growth)로 분류하였다. 이러한 이론들을 살펴보면 인간의 변화에 대한 시작점에는 욕구라는 것이 있다. 안전, 건강, 인정, 능력 등 충족하고 싶은 욕구가 있었기에 변화를 마음먹은 것이다.

학창시절을 떠올려 보자. 당신은 왜 공부를 했는가? 혹은 왜 공부를 하지 않았는가? '안 하면 엄마한테 혼나니까, 시험을 잘 보면 엄마가 용돈을 주니까, 못하면 자존심이 상해서, 부모의 기대 때문에, 공부가 재미있어서, 선생님을 좋아해서, 점수를 잘 받으면 뿌듯하니까, 과학의 원리가 궁금해서 호기심 때문에, 어려운 문제를 풀었을 때의 성취감 때문에, 주변 사람들에게 인정이나 칭찬받고 싶어서, 의사가 되고 싶어서, 성공하고 싶어서' 등 이유가 참 다양하다. 공부를 잘하고 싶은 마음, 변화하고 싶은 마음은 욕구이다. 그러한 마음을 행동으로 움직이게 하는 것이 동기이다. 공부를 하는 이유, 공부를 하게 하는 이유, 그 원인이 바로 동기이다.

학자들의 동기에 대한 정의를 몇 가지 나열해 보면 행동을 유발시키는 원동력으로서(Woolfork, 1995), 행동 방향을 설정하고 목표를 지향하도록 하는 개인 내의 활성적 힘(Berelson & Steiner, 1964), 인간의 행위를 일으키고 유지시키는 내부 또는 외부의 힘(Steers & poter, 1991)으로[14] 인간의 목표지향적인 행동을 유발하고 활성화시키며 지속시키는 요인이라고 할 수 있다.

이러한 정의들을 종합해 보면 동기는 행동을 변화시키고 유지시킨다는 관점으로 이해된다. 이에 이 책에서는 동기를 '인간의 행동을 활성화시키고 지속시키는 힘'으로 정의하겠다. 새해에 다짐했던 것처럼 변화하고 싶은 마음은 누구에게나 있다. 그러나 모두가 원하는 행동을 할 수 있는 것은 아니다. 변화하고 싶은 마음은 우리 마음속의 작은 불씨이다. 이 작은 불씨를 활활 타오르게 하고, 지속할 수 있는 힘이 동기인 것이다.

사람은 무엇으로 동기부여가 될까

사례 1) 운동선수 P는 처음에는 건강상의 이유로 부모가 권유하여 운동을 시작했다. 이후 자신의 실력이 느는 것을 느끼면서 운동에 흥미를 느꼈고, 계속 도전하고 싶은 마음에 체육 전공으로 대학교에 입학하였다. 현재는 운동선수로서 대회에서 좋은 기록을 내며 승승장구하고 있다.

사례 2) 직장인 K는 마케팅 업무를 하고 있는데, 평소 주변사람들의 소비습관이나 가지고 다니는 물건들에 관심이 많다. 어디서 구매했는지 구매동기를 묻기도 하고, 용도에 대해서도 관심이 많다. 그리고 SNS나 인터넷에서 자신이 몰랐던 새로운 제품을 보면 무조건 구매해서 직접 써 본다. 그리고 이런 사람들의 얘기나 경험들을 수시로 메모하고, 업무에 필요할 때마다 꺼내 본다.

사례 3) 직장인 B는 회사에서 새로운 프로젝트를 맡게 되었다. 부담이 되었지만 회사의 기대와 성공 시 인센티브가 있다. 이 일을 위해 일주일 동안 10시간을 채 못 자면서 매달린 결과 프로젝트를 성공적으로 마쳤다. 이후에도 승진을 위해 TF팀에 지원하였고, 성과를 위해서라면 시간에 구애받지 않고 업무에 집중하고 있다.

운동선수 P는 해냈을 때의 성취감을 느끼고 도전하는 것이 즐겁다. 직장인 K는 주변사람들을 유심히 관찰하고 그들이 무엇을 좋아하는지, 왜 하는지를 물어보는 것이 흥미롭고, 제품에 대한 호기심이 가득하다. 이들처럼 해냈을 때의 성취감과 도전의식, 새로운 것이나 주변에 대한 호기심을 느껴 자신의 일을 즐기는 경우는 자신의 내부에서 동기가 발생한 것이다. 심리학 용어로는 '내적 동기'라고 한다. 직장인 B는 회사의 기대와 인센티브 같은 보상, 승진을 위해 자신의 일에 몰입한다. B처럼 다른 사람들의 기대나 인정, 보상, 경쟁에서 이기기 위해 행동하는 경우는 외부의 어떤 요소에 의해서 동기가 발생한 것으로 '외적 동기'라고 한다. 이렇듯 사람을 움직이게 하는 동기는 다양하다.

몰입과 지속을 통한
내적 동기

사람의 행동을 유발시키는 것이라면 어떤 동기라도 괜찮은 걸까? 많은 학자가 다양한 연구를 통해 보상과 같은 외부요소 등에 의해 행동하는 외적 동기는 단기적으로는 효과가 있지만, 보상이 사라지면 동기도 사라지고, 보상으로 인해 내면의 동기를 떨어뜨린다는 것을 확인했다. 외적 동기보다 스스로 결정한 자발적 선택이 더 큰 힘을 발휘한다는 '자기결정성이론(Self-Determination Theory)'을 발표한 에드워드 L. 데시(Edward L. Deci) 교수는 보상이 내면의 동기에 어떤 영향을 미치는지 소마(Soma)라는 블록으로 실험했다.

대학생들을 두 집단으로 나누어 한 집단에는 퍼즐을 완성하면 금전적 보상을 주고, 다른 집단에는 보상을 주지 않았다. 30분 정도 소마퍼즐을 하고, 끝나면 8분 동안 피험자들을 실험실에 혼자 남겨두고 그 시간에 무엇을 하는지를 관찰했다. 금전적 보상을 받은 학생들은 자유시간에 퍼즐을 하는 시간이 적었고, 보상을 중단하자마자 퍼즐을 그만두었다고 한다. 에드워드 L. 데시 교수는 다른 실험을 통해서도 금전적 보상은 사람들의 내면의 동기를 떨어뜨린다는 것을 확인했다. 외적 보상을 받게 되면 자신이 좋아서 한 활동도 보상을 위한 도구적 활동으로 변해 버린다는 것이다[15].

책 〈드라이브〉에 제시된 한 가지 실험이 있다. 유아원생을 세 그룹으로 나누어 자유놀이 시간에 그림을 그리는 실험을 하였다. 첫 번째 그룹은 상장을 아이들에게 보여 준 다음 이 상을 받기 위해 그림을 그리고 싶은지를 물어보았다. 두 번째 그룹은 그림을 그리고 싶은지를 물어보고, 그림을 다 그린 후에 상을 주었다. 세 번째 그룹은 그림을 그리고 싶은지를 물었으나 처음에 상장을 보여 주거나 마지막에 상을 주지 않았다. 2주일이 지나고 다시 상황을 만들어 관찰했더니 두 번째, 세 번째 그룹은 여전히 재미있게 그림을 그렸으나, 첫 번째 그룹은 그림에 대한 관심이 감소하고 그림 그리는 시간도 줄어들었다고 한다.

이와 비슷한 주제로 연구자들은 128회에 걸친 실험을 통해 눈에 보이는 보상이 내적 동기에 부정적인 영향을 미친다는 결론을 내리게 되었다. 이 외에도 화가들이 의뢰받지 않은 작업을 할 때보다 의뢰받은 작업을 할 때 더 많은 제약을 느끼고, 즐거움보다는 일에 가깝게 느낀다고 한다. 반면 자신을 위해 작업할 때는 창조한다는 즐거움을 느끼며 몰입해서 한다고 한다[16].

이런 연구들과 사례를 보면 내적 동기는 일을 수행하는 과정 자체에서 동기가 발생되기 때문에 지속성이 있고 성과에 영향을 미치지만, 외적 동기는 어떤 외부의 요인에 의해 자신이 통제받고 있다고 인식하면서 동기부여의 효과를 감소시킨다는 것이다. 물론 외적 동기도 업무와 상황에 따라서, 그리고 단기적으로는 효과가 있고 필요하다. 하지만 '행동을 지속할 수 있는가'를 생각해 봤을 때는 보상의 강도와 연속성 같은 요소들에 의해 영향을 받을 수밖에 없다. 변동적이고 복잡하며 불확실하고 모호한 VUCA 시대, 변화에 빠르게 대처하고 성장하는 셀프리더가 되기 위해서는 자신의 일에 몰입하고 행동을 지속할 수 있는 내적 동기가 필요하다.

원하는 방향으로 움직이게 하는
의미의 힘

02

지금 내가
뭘 하고 있는 거지?

직장인 A는 한 직장에서 15년 가까이 일하면서, 전문가로 인정받기 위해 회사에 중요한 프로젝트가 있을 때마다 적극적으로 참여하고, 탁월한 협상능력으로 성과창출에 기여하였다. 완벽주의 성향이 강하다 보니 위임하기보다는 잠자는 시간을 쪼개가며 업무에 몰두하였다. 작은 디테일도 놓치지 않기 위해 주변의 피드백을 수차례 거친 후에야 마무리하는 게 일상이었다. 그러던 어느 날, 직장에서 의식을 잃고 쓰러져서 병원에 실려 갔고, 폐암 진단을 받았다.

A는 '지금 내가 뭘 하고 있는 거지?'라는 생각이 들면서 순간 정신이 번쩍 들었다고 한다. 지금은 다행히 완치되었지만, 현재도 정기검진을 위해 병원에 다니고 있다. 암 진단을 받은 이후 그의 삶은 완전히 바뀌었다. 성

공을 위해 주말에도 회사에 출근하며 일에만 몰두하는 삶에서 자신을 위한 시간으로 취미생활도 하고, 가족과 여행도 다니면서 일과 휴식의 밸런스를 맞추고 있다.

이런 큰 위기에서 자신의 인생을 돌아보며 의미를 깨닫고, 변화해야겠다는 강력한 동기가 작용하는 것은 그리 어려운 일이 아니다. 하지만 우리의 인생을 보면 바로 결심하고 변화할 수밖에 없는 큰 위기보다는, 순간순간 고민하고 결정해야 하는 사건들의 연속이다. 자고 일어나면 상황이 달라지고 행동의 주체가 바뀌는 현시대는 더욱 그럴 것이다. 그러다 보니 자신의 의도대로 생각한 방향이 아닌, 다른 사람들이 하는 대로 따라가고 끌려가게 된다. 자신이 지금 뭘 하고 있는 건지, 왜 하는 건지 의미 없이 하루하루를 보내고 있는 것이다. 이렇게 하루 24시간을, 한 달을, 1년 365일을 보낸들 내 인생을 살고 있다고 할 수 있을까? 목적 없이, 이유 없이 살다 보면 어느 날 갑자기 방향을 잃고 멈춰 설 수밖에 없다. 내 몸의 심장박동은 뛰고 있지만 내 삶의 박동은 멈춘 것이다.

변화하는 현실 속에서 상황에 빠르게 대처하고 자신을 지키는 셀프리더가 되기 위해서는 우리 내부에서 꿈틀거리는 것들을 통해 원하는 방향으로 나아갈 수 있어야 한다. 하나의 방법으로 우리는 삶의 의미를 발견함으로써 셀프리더가 될 수 있다.

셀프리더로 성장하기 위한
의미의 발견

책 〈논백 리더십 전략〉에 펜실베이니아대학의 애덤 그랜트(Adam Grant) 교수의 실험이 제시되어 있다. 장학금 모금 업무를 하는 콜센터 직원들을 대상으로 한 실험이었다. 세 개의 그룹으로 나누어 그룹 A의 직원들은 장학금을 받은 학생들을 만나 5분간 대화하면서, 자신이 모금한 장학금이 누구에게 가고, 그 학생들의 삶이 어떻게 변했는지 알게 된다. 그룹 B는 장학금을 받은 학생들로부터 편지를 받게 했고, 그룹 C는 아무런 이야기 없이 원래 하던 대로 장학금 모금 업무를 진행한 집단이다. 실험 결과 A그룹의 성과가 171% 상승하였고, B그룹과 C그룹의 차이는 거의 없었다. 같은 연구를 스포츠센터 직원들, 구조요원들, 엔지니어들에게 진행했을 때도 결과는 같았다고 한다.

이 실험을 통해 알 수 있는 것은 자신이 하는 일이 누구를 위한 일인지, 그들에게 어떤 영향을 주는지를 알게 됨으로써 일의 의미를 깨닫고, 자신의 일에 몰입하다 보면 성과를 낼 수 있다는 것이다. 이 책에는 의미에 대한 한 가지 실험이 더 제시되어 있다. 뉴욕대학교 학생들을 대상으로 꽤 무거운 막대를 얼마나 오래 쥐고 있는지를 테스트했다.

한 그룹에게는 대인관계를 잘하려면 어떻게 해야 하는지 'How'로 물었고, 다른 한 그룹에게는 대인관계를 왜 잘해야 하는지 'Why'의 관점으로 물어보았다. 실험 결과 Why로 질문한 그룹이 11.1초, How로 질문한 그룹은 4.9초를 들고 있었다고 한다. 왜 대인관계를 잘 유지해야 하는지에 대한 근본적인 내용을 고민하게 되면서 중요도가 강화되고, 이로 인해 몰입하게 되고, 몰입을 하면 물리적인 고통이 덜 느껴져 견디는 힘이 증가했다는 것이다[17].

셀프리더로 성장하기 위해서 우리에게 필요한 것은 '내가 지금 이 일을 왜 하는지'와 '내가 사는 이유'인 삶의 목적을 가지고, 내가 중요하게 생각하는 가치에 따라 원하는 목표를 이루기 위해 한 걸음을 내딛는 것이다. 그렇게 천천히 내딛다 보면 어느새 의미를 발견하고 온전히 자신이 원하는 모습으로 움직일 수 있다. 이를 '삶의 의미를 깨닫는 과정'이라고 할 수 있겠다. 중요한 것은 이 모든 것은 스스로 결정하고 선택할 수 있다는 믿음이 있어야 한다.

삶을 의미 있게 사는 사람들

"왜 살아야 하는지를 아는 사람은 어떤 상황도 참고 견뎌 낼 수 있다."

독일의 철학자 니체(Friedrich Wilhelm Nietzsche, 1844~1900)의 말이다. 니체는 삶의 목적이 있어야 살아 낼 수 있음을 얘기하고 싶었던 것이다.

대기업 임원이었던 A는 갑작스러운 해고 통보를 받았다. 회사에서 25년 동안 근무하면서 17년 가까이를 해외에서 새로운 마케팅을 시도하며 제품을 널리 알리고, 시장을 개척하는 등 그 성과를 인정받았다. 승승장구하던 그였기에 이 상황을 받아들이기가 쉽지 않았다. 그때 오랫동안 모셨던 상사가 코칭을 함께 배우기를 권했고, 현재는 코치로서 새로운 삶을 살고 있다. 처음에는 왜 자신에게 그런 일이 일어났는지 분노의 감정이 커서 마음을 추스르는 것이 쉽지 않았다고 한다. 하지만 그동안 직장생활을 하면서 남들이 가지 않은 해외시장에서 새로운 것을 시도하고 해낸 그였기에 코칭을 새로운 도전으로 생각하였다. 코칭을 통해 사람들을 긍정적으로 변화시키고 싶다는 삶의 목적이 생기면서 그는 활력을 되찾았다.

한 TV 프로그램에 충무로에서 50년 동안 가발을 만든 장인이 출연했다. 기계가 아닌 수작업만을 고집하는데, 그 이유는 실제 머리 같은 느낌을 줄 수 있기 때문이란다. 직접 한 올, 한 올을 심는 작업을 하다 보니, 하나의 가발이 완성되기까지 무려 9시간이 걸린단다. 산업의 발달로 기계가 사람을 대신하는 시대라지만, 오랜 시간 세심하게 주의를 기울이고 정성을 다하는 장인의 모습에서 그의 삶에 대한 태도와 의미를 느낄 수 있었다. 힘들지만 내가 중요하게 생각하는 것을 실천하는 것이야말로 의미 있는 인생이 아닐까? 거기에 자신의 정성을 알고 찾아주는 고객들이 있으니, 더욱더 보람을 느끼고 힘든 시간을 버틸 수 있는지도 모르겠다.

인생에서 의미를 갖는다고 하면 뭔가 대단한 게 있어야 된다고 생각하는 사람들이 있다. 하지만 삶의 목적도 내포하는 의미도 꼭 대단한 것이 아니라도 괜찮다. 무엇이 되었든 자신의 삶에서 어느 순간 의미를 깨달은 사람은 만족감과 긍정적인 정서를 경험할 수 있다. 작은 도움이라도 사람들에게 봉사하는 것에 의미를 두는 사람은 그 경험을 통해 만족감을 느낀다. 퇴근 후 가족과 함께하는 시간을 의미 있게 생각하고 행복을 느끼는 사람은 이러한 긍정적인 정서를 지속하기 위해 직장에서 일을 빨리 마무리할지도 모르겠다.

정신요법 중의 하나로 로고테라피(Logo Therapy) 학파를 창시한 빅터 프랭클(Viktor Emil Frankl, 1905)은 그의 저서 〈죽음의 수용소에서〉에서 삶의 의미는 사람마다, 날이면 날마다, 시간마다 달라지기 때문에 일반적인 삶의 의미가 아닌, 주어진 그 순간 삶에 있어서의 특별한 무엇인가가 중요하다고 하였다[18]. 위기의 순간에도 자신이 중요하게 생각하고, 해야 하는 이유가 분명한 사람은 삶의 의미를 아는 사람이다.

나의 삶에 의미 부여하기

대학생 H는 고등학생 때부터 영상촬영에 관심이 많아 영상제작 전공으로 진학을 희망했으나, 부모의 권유로 회계학과에 갔다. 그는 학교생활에 충실했다. 필요한 자격증을 취득하고, 친구들과 스터디그룹을 만들어 회계 프로그램을 익히고, 학교 추천으로 인턴 경험도 하였다. 이제 전공을 살려서 회계 관련 직무에 취업만 하면 그의 인생은 탄탄대로일 것이다. 과연 그럴까?

겉으로 보면 그는 대학생활을 잘하고 있는 것 같아 보이지만 그는 학교에서 요구하는 그 이상도 그 이하도 아닌, 눈앞에 주어진 것만을 하고 있었다. 자신의 생각보다는 사회에서 요구하는 것들을 하나씩 실행하고 있었던 것이다. 그가 부모의 선택이 아닌, 자신이 하고 싶은 영상제작 전공을 선택했다면 그의 삶은 어땠을까? 주어진 것이 아니라 새로운 것을 찾아서 시도하지 않았을까?

사람들은 자신의 삶을 스스로 결정할 수 있을 때 동기부여가 된다. 우리의 삶에서 스스로 결정할 수 있는 것이 얼마나 될까? 그중에 하나가 자신의 삶에 의미를 부여하는 것이다. 삶의 의미는 스스로 선택하고 결정할 수 있다. 그렇다면 삶에 의미를 부여하기 위해서는 무엇을 해야 할까? 먼저 '왜(Why)?'에 대한 물음을 계속해서 던져야 한다. '왜 나는 이 일을 하고 있는 거지?', '왜 이 일이어야 하는 거지?', '왜 시도하려는 거지?', '왜 그것이 나에게 중요하지?', '왜 이걸 하고 싶은 거지?' 이와 같은 물음에 답하다 보면 내가 원하는 삶이 명확해진다.

삶의 의미가 없는 사람들은 방향이 명확하지 않기 때문에 선택의 순간에도 머뭇거리거나, 다른 사람들이 하는 대로 따라가고 방황하게 된다. 변화 속에서 자신이 하고 있는 일과 하고 싶은 일의 이유를 찾았다면 그 다음은 '무엇(What)'에 대한 물음을 계속해서 던지는 것이다. '그것들을 위해 내가 시도해야 하는 것은 무엇이지?', '나에게 영향을 미치는 요인들은 무엇이지?', '나를 방해하는 요인들은 무엇이지?'를 찾아야 한다. 그러다 보면 내가 바라는 모습이 그려질 것이다.

빅터 프랭클이 창시한 '로고테라피' 학파에 의하면 "한 인간의 삶에서 의미를 발견하기 위한 투쟁은 인간에게 있어서 원초적 동력이 된다."라고 한다. 이것이 바로 변화의 시대에 의미가 필요한 이유, 의미가 지닌 힘이 아닐까? 결국 의미를 찾은 사람은 다른 사람이 아닌 자신이 원하는 삶을 선택하고, 그것을 이루기 위해 행동하는 사람으로 변화 속에서도 자신을 온전히 바라보고 움직일 수 있다. 삶에 의미를 부여하면 방향이 명확해지고, 행동하려는 의지가 강해져 자신에게 더욱더 몰입하여 그것들을 지속할 수 있다.

호기심이
가져다주는 효과

03

호기심을 가지거나 인식하지 못하거나

1998년에 개봉한 영화 〈8월의 크리스마스〉에서 한석규가 시한부 선고를 받고 혼자 남겨질 아버지에게 리모컨 사용법을 알려준다. 리모컨 사용이 익숙지 않은 아버지는 잘 알아듣지 못한다. 결국, 한석규는 아버지 걱정에 화를 내고 방을 나와서 혼자 속상해 하는 장면이 있다.

배우 A는 TV 프로그램에서 이 장면을 보고 시인에서 꿈이 바뀌었다고 한다. 그 감정을 알고 싶고, 해 보고 싶었다고 한다. 그리고 당장 배우가 되는 것은 먼 얘기라고 생각해서 시나리오를 써보자는 생각을 했다. 영화과 시나리오 전공에는 떨어졌지만 이후 배우의 길로 들어서게 되었다. 그를 움직이게 한 것은 무엇이었을까? 알고 싶고 해 보고 싶다는 느낌이라면 궁금증, 끌림이 아니었을까? 바로 '호기심' 때문이었을 것이다. 그는 '무엇을 위해서, 무엇 때문에'와 같은 외부요인이 아닌, 그 자체에 호기심을 갖고 행동한 것이다. 이렇듯 호기심은 앞에서 얘기했던 그 자체에 즐거움을 느껴 행동을 유발하는 '내적 동기'라고 할 수 있다.

영화나 드라마의 같은 장면을 보고도 사람들이 저마다 다른 생각을 하듯이, 같은 시대를 사는 사람이라도 그 상황을 인식하는 것은 다 다를 수 있다. 누군가는 변화가 필요하다고 인식하고, 변화에 관심을 갖고 그에 맞춰 무언가를 배우거나 새로운 시도를 할 수도 있다. 하지만 변화가 필요하다고 인식하지 못하거나, 변화가 필요함에도 불구하고 변화의 의지가 없는 사람도 있다.

"변하지 않는 것은 변한다는 사실뿐!"

중국 최대 전자상거래 업체인 알리바바(Alibaba)가 2019년 창립 20주년을 맞아 제시한 좌우명이다. 그렇다. 상황에 대한 인식은 사람마다 다를 수 있지만, 분명한 것은 많은 것이 변화하고 있다는 사실이다. 이렇듯 변화하는 환경에서 셀프리더로 생존하기 위해서는 나에게 일어나는 상황에 호기심을 갖는 것이 필요하다.

왜 우리는
호기심을 잃어버렸나

엄마가 잠시 자리를 비우자 아이는 거실에 세워져 있는, 뻥튀기가 가득 담긴 커다란 봉지의 끈을 푼다. 바닥으로 넘어진 봉지 속의 뻥튀기는 사방으로 흩어지고, 아이는 손바닥으로 만지작거리면서 까르르 웃는다. 아이들이 있는 집의 흔한 풍경이다. 어린 아이들은 눈앞에 보이는 모든 물건에 관심을 갖는다. 그리고 그것이 무엇인지를 알기 위해 손으로 만지고 입으로 갖다 댄다. 그 과정에서 흥미로우면 계속해서 만지며 가지고 논다.

주변의 모든 것이 궁금했던 어린 시절이 있다. 엄마가 마시고 있는 탄산음료의 작은 기포들이 신기해서 먹었다가 톡 쏘는 탄산에 놀라고, 핫도그에 묻어 있는 케첩이 궁금해서 입을 댔다가 새콤함에 놀란다. 스위스의 심리학자 장 피아제(Jean Piaget)는 사람에게는 자신의 경험을 이해하려는 고유한 욕구가 있다고 했다[19]. 아마도 아이들이 이런 행동을 하는 이유도 내 눈앞에 보이는 것들을 확인하고 이해하기 위해서일 것이다.

나이를 먹으면서 궁금했던 것들을 하나씩 알게 되고 경험이 쌓이면서 이해하려는 욕구가 줄어든 경우도 있겠지만, 굳이 내가 무언가를 알기 위해 애쓰지 않아도 주변에 다양한 정보들이 넘쳐난다. 무언가 시도했다가 주변사람들에게 핀잔을 듣거나 실패하게 되면서 우리는 궁금해하지 않고, 생각하지 않고, 질문하지 않고, 그만두게 되었다. 호기심을 갖는 것이, 호기심을 갖고 시도하는 것이 스트레스를 받는 일이 되었다. 주변사람들이, 회사가, 시스템이, 사회구조가 발목을 잡았다. 이렇게 우리는 호기심을 잃어 갔다.

호기심은 어떤 것의 존재나 이유에 대해 궁금해 하고, 알려고 하며, 숙고하는 태도나 성향, 또는 주변의 사물에 대해 의문을 갖고 끊임없이 질문을 제기하는 것을 말한다. 호기심에 대한 정의는 관점에 따라 연구자들마다 다르다. Bentham(1948)은 호기심을 새로운 지식과 자극을 습득하길 원하는 인간의 기본적 추동이라고 정의하였다. 박석희(2009)는 단순히 끌리는 마음이 아니라, 좀 더 적극적으로 새롭고 신기한 것을 찾아나서는 행동을 유발하는 욕구라고 하였다. 그리고 구체적 탐색이나 정보를 습득하도록 인간의 심리상태를 자극시킨다(박성희, 2007; Carlin, 1999; Harvey, 2007; Moch, 1987; Park, 2007)고 하였다[20].

앞에서 애기한 배우 A는 그 감정에 대해 계속 궁금해 하고, 그것을 느끼고 해 보려면 무엇을 어떻게 해야 할지 필요한 정보들을 습득하기 위해 다양한 행동을 했다. 이것은 호기심이라고 할 수 있을 것이다. 배우 A처럼 무언가를 보고 호기심이 저절로 생긴다면 그것을 실행하는 것은 너무 쉽다. 호기심을 가지면 흥미를 느껴서 누군가가 억지로 시키지 않더라도 스스로 하게 되고 몰입하기 때문이다. 하지만 우리가 살면서 어떤 대상에 대해 호기심을 갖는 경우가 얼마나 되는가?

"저는 호기심이 별로 없어요."
"꼭 호기심이 필요한가요?"
"새로운 것을 알고 싶어하는 게 호기심 아닌가요? 저는 새로운 것에는 관심이 없는데…"

사람들은 호기심이라고 하면 대단히 특별한 것에 대한 관심이라고 생각한다. 하지만 일을 하면서, 혹은 주변사람들에 대해 '이게 뭘까?', '왜 그럴까?'와 같이 간단한 궁금증을 갖는 것도 호기심이라고 할 수 있다. 이러한 궁금증이 호기심의 시작이다. 그렇다면 대부분의 사람들에게 호기심이 있다고 할 수 있지 않을까? 우리는 호기심을 잃어버린 게 아니다. 단지 인식하지 못하는 것이다.

호기심을 갖고
자신의 일에 몰입하는 사람들

영재는 타고나는 것일까? 만들어지는 것일까? 그러한 궁금증에서 출발하여 영재들을 발굴하고 육성하고 응원하는 한 TV 프로그램이 있었다. 24개월에 한글을 익히고, 30개월에 사칙연산을 풀고, 41개월에 중학교 수학을 푸는 영재 K, 영어, 프랑스어, 중국어 등 4개 국어를 정복한 8살 J, 이 외에도 음악이나 미술, 한자 등 다양한 분야의 영재들에게 있는 공통점 중의 하나는 어렸을 때부터 집이나 TV, 사람, 책 등 주변에서 그것들을 접했다는 것이다. 계속 접하다 보니 관심을 갖게 되고, 그것이 궁금증으로 이어지고, 궁금증을 해결하기 위해 물어보고 찾다 보니 재미를 느끼고, 경험이 쌓이니 실력이 늘면서 더욱 즐기게 되고 몰입하게 된 것이다. 결국, 주변에서 시작된 작은 관심이 그들을 영재로 만든 것이다.

초등학생 H는 4학년 때 아버지가 사준 역사 만화책을 보고 역사에 대한 관심이 생겼고, 만화책에서 문화재의 의미를 알게 되었다. 또래의 아이들이 공을 차거나 게임을 즐길 때 문화재 관련 책을 즐기는 H는 그렇게 문화재에 관심을 갖고 박물관이나 전시관, 유적지를 돌아다니며 문화재를 둘러본 느낌들을 정리해 문화유산 답사기 책을 출간하였다. 역사책에 나오는 문화재에 관심을 갖게 되었고, 관심에서 끝나는 것이 아니라 유적지를 답사하며 경험하고 돌아다니며 유적지 관리에 대해 개선을 건의하기도 하였다. 북한의 국립박물관과 유적지를 돌보는 것, 해외반출 문화재를 돌려받는 것이 꿈인 H는 역사에 대한 궁금함을 직접 눈으로 확인하고 자기만의 방식으로 해석하였다[21]. 유적지에 대한 호기심이 H가 계속해서 탐색하고 정보를 습득하도록 움직이게 한 것이다.

호기심은 어떤 것에 신기해 하고 놀라워하는 느낌에서 출발한다. 하지만 중요한 것은 그 느낌이 궁금함으로 이어지는 것이다. '우와, 놀랍다!'에서 '이게 왜 그런 거지?', '어떻게 해야 하지?' 등으로 연결되어야만 새로운 발견을 할 수 있는 것이다.

이제는 전혀 어색하지 않은 국민 MC 유재석의 부캐(원래의 캐릭터가 아닌 또 다른 캐릭터)인 '유산슬'을 탄생시킨 예능 프로그램 〈놀면 뭐하니〉는 '무정형 예능 프로그램'을 표방하며 인기를 끌고 있다. 여러 가지 시도를 하였지만 그중에서 인상적인 것은 방송사 간의 경계를 무너뜨린 것이다. 신인 트로트 가수 '유산슬'은 KBS 아침 방송에 나와 경연을 펼치고, EBS 요리 프로그램에서 요리를 하고, 코미디 TV의 한 프로그램과는 한 공간에서 각자의 프로그램을 촬영하는, 말 그대로 신개념의 컬래버레이션 방송을 선보였다. 〈놀면 뭐하니〉의 김태호 PD는 다양한 플랫폼의 홍수 속에서 콘텐츠를 '어떻게 보여줄까'를 고민하며 새로운 것을 찾아나선 것이다. 짧은 영상이 대세인 뉴미디어 시대에 맞춰 처음에는 동영상 플랫폼으로 시작하여 다양한 프로젝트로 점차 규모를 확장해 갔다.

이렇듯 변화의 시대에 중요한 것은 현 상황을 바라보며 새롭게 시도할 수 있는 게 없을지 궁금증을 갖는 것과 원하는 것을 찾아나서는 행동이다. 그러다 보면 궁금증이 또 다른 궁금증을 만들고, 그에 대한 답을 찾아나가는 과정에서 도전의식이 생겨 더욱더 그 활동에 몰입하여 계속 이어나갈 수 있다.

이제는 호기심으로
바라봐야 할 때

변화에 대해 우리가 느끼는 감정이 지금까지는 불편하고 귀찮거나, 불안함이나 두려움 같은 것이었다면 이제는 새로운 것에 대한 호기심으로 바뀌어야 할 때이다. 호기심은 어떤 것에 대해 궁금해 하고, 알려고 하거나 의문을 갖고 끊임없이 질문을 제기하는 태도라고 했다. 변화에 유연하게 적응하며 내 삶의 주체자로서 살아가기 위해서는 현재 일어나는 상황에 대해 왜 그런지, 앞으로 어떻게 변할지를 궁금해 해야 한다. 그리고 빠르게 변화하는 세상 속에서 새로운 대안을 생각하기 위해서는 지금 내가 하고 있는 것을 탐색하는 시간이 필요하다. 호기심은 우리의 탐구적 행동에 결정적으로 중요한 동기를 부여하는 요인이다(Reio et al, 2006). 새로운 지식을 학습하도록 동기부여 하는 역할을 한다(Borowske, 2005)[22].

호기심은 자신의 행동에 대해 더욱 동기를 유발하고, 새로운 대안을 위한 학습에 몰입하게 하는 힘이 있다. 자신을 둘러싸고 있는 모든 것에 주의를 기울이고 열중하는 것이 호기심이다. '호기심을 가지면 흥미를 느껴 열정적으로 몰입하게 된다', '호기심을 가지면 도전의식이 생겨 계속 시도하게 된다', '호기심을 가지면 목표가 생겨 이루고 싶은 마음에 몰입하게 된다', '호기심은 스스로 과정 자체에 흥미를 느껴서 하는 것으로 몰입에 이르게 하고, 지속할 수 있는 힘이 있다'

이제는 호기심으로 자신을, 일을, 세상을 바라봐야 할 때이다. 자신에 대한 끊임없는 질문과 자신이 하고 있는 일에 대해 문제의식을 갖고 의문을 가져야 한다. 세상을 보는 관찰의 눈을 키우고 주변의 상황을 빠르게 인지해야 한다. 그러려면 호기심으로 바라보고 변화를 위해 계속 시도하고 도전하는 용기가 필요하다.

변화 속에서
몰입하고 지속하기

04

삶의 의미,
나의 정체성

 "의미란 수수께끼에 대한 답이나 보물찾기의 상금처럼 우연히 얻게 되는 것이 아닙니다. 의미는 당신 삶에서 당신이 만들어 가야 하는 것입니다. 우리의 과거 경험에서 …(중략)… 우리의 믿음에서, 우리가 사랑하는 것들과 사람들로부터, 무엇인가를 희생하더라도 기꺼이 지키고자 하는 가치로부터 의미는 만들어집니다. 모든 재료는 준비되어 있습니다. 당신만이 그 모든 것을 조합해서 당신만의 패턴, 곧 당신의 삶으로 만들 수 있습니다." 1990년 맥킨지 앤드 컴퍼니 (Mckinsey & Company)에서 존 가드너(John Gardner)가 연설한 내용이다[23].

삶의 의미는 힘든 상황에서 갑자기 발견할 수도 있지만, 의미 있는 삶이란 '지금'의 내 존재 자체를 인정하고, '지금'의 내가 원하는 삶을 살기 위한 방향을 설정하고, '지금' 내가 중요하게 생각하는 그 가치대로 사는 것이다. 의미 있는 삶을 사는 사람은 '지금 여기'에 있는 사람으로 현재를 책임지는 사람이다. 자신의 삶을 책임질 줄 아는 사람은 변화 속에서도 중심을 잃지 않고 자신의 정체성을 유지할 수 있다. 변화관리를 위한 셀프리더가 되기 위해서는 지금의 나는 어떤 사람인지, 내가 왜 이걸 해야 하는지, 내게 중요한 가치를 지키기 위해서는 어떤 노력이 필요한지 스스로 삶을 선택하고 책임질 수 있는 '의미'가 필요하다.

'당신은 지금 어디에 있는가?', '당신이 중요하게 생각하는 것은 무엇인가?', '당신은 당신의 삶을 책임지고 있는가?'

호기심을 갖고
변화에 도전하기

우리는 호기심을 잃은 것이 아니다. 호기심을 피하고 싶은 것이다. 새로운 것보다 기존의 것이 익숙하고 편하기 때문에 굳이 시도하거나 알고 싶지 않은 것이다. 변화는 전혀 새로운 것이 아니다. 기존에 있던 것에서 조금씩 달라지는 것이다. 이제는 우리에게도 그 익숙함에서 조금씩 벗어나서 다른 것을 발견하려는 호기심의 태도가 필요하다. 그러기 위해서는 우선 변화의 상황을 편하게 받아들이자. 그리고 조금 익숙해지면 그때 '왜 이 상황이 벌어진 거지?'를 생각해 보자. 그리고 그 상황이 이해되었다면 그 다음은 '내가 어떻게 해야 할까?'를 고민하고 행동하는 단계이다.

호기심은 그 상황을 바라보는 것에서부터 시작된다. 호기심으로 자신을 바라보고, 변화를 인지하고, 이유를 찾고, 방법을 찾는 사람은 변화에 빠르게 대처할 수 있고 살아남을 수 있다. 호기심은 새로운 호기심을 유발하고, 호기심은 우리를 학습하게 한다. 그리고 탐색하고 정보를 습득하기 위해 움직이게 하고, 그 과정에서 또 다른 발견을 하게 한다. 호기심은 그 자체로 행동을 유발하며 우리를 몰입에 이르게 하고, 그 행동을 지속할 수 있는 힘이 있다. 호기심을 갖고 도전하고 시도하는 사람은 변화에 빠르게 대처할 수 있고, 살아남을 수 있다. 당신은 지금 익숙함에서 벗어날 준비가 되어 있는가? 상황을 바라볼 준비가 되어 있는가?

변화의 출발점에서
내 안의 동기 발견하기

변화가 일상이 된 지금, 우리는 무엇을 해야 할까? 변화의 출발점에 서 있는 우리에게 가장 필요한 것은 자신을 움직이게 하는 동기를 발견하는 것이다. 변화를 원한다고 변화할 수 있을까? 의지만으로는 안 되는 것들이 있다. 누구나 의지를 다질 수는 있지만 자신의 의지를 행동으로 옮기는 것은 생각보다 쉽지 않다. 이것이 동기가 필요한 이유이다. 변화를 원하지 않는다면 무엇 때문일까? 내 안에서 지금과 달라질 이유를 찾지 못한 것이다. 변화의 이유를 찾는 것도 내 안의 동기를 발견하는 과정이다.

당신의 행동을 변화시키는 것은 무엇인가? 돈? 명예? 인정? 성취감? 도전? 재미? 호기심? 의미? 그렇다면 그것이 당신의 행동을 지속시키는

가? 변화관리를 위한 셀프리더가 되기 위해서 중요한 것은 변화를 위한 행동 자체만이 아니다. 그 행동을 지속하는 것이 중요하다. 동기가 작용한 사람들은 어느새 행동하는 자신을 보며 스스로 해낼 수 있다는 자신감이 생기고, 더욱더 몰입하는 자신을 발견하게 된다. 목표에 빠르게 도달할 수 있게 된다. 미하이 칙센트미하이(Mihaly Csikszentmihalyi, 1934)가 제시한 '몰입'이라는 개념은 물 흐르듯 행동이 자연스럽게 이루어지는 느낌을 표현하는 말인데, 이것이 바로 내적 동기부여가 된 상태일 것이다.

돈이나 인정과 같은 보상은 당신을 변화하게 할 수는 있지만, 당신이 통제할 수는 없는 것들이다. 보상을 기대하며 움직이다 보면 당신은 점점 지쳐갈 것이다. 당신이 통제할 수 있는 것은 스스로 선택하고 결정할 수 있는 삶의 의미와 무언가에 대해 궁금해 하고 탐색하는 호기심의 태도이다. 변화의 시대에 살아남으려면, 셀프리더로서 변화의 출발점에 서 있다면, 우리의 행동을 활성화시키고 지속시키는 힘, 동기가 필요하다.

Chapter. 03

셀프리더의 자존감은
주도적인 삶의 뿌리

―――

"나에 대한 자존감을 잃으면, 온 세상이 나의 적이 된다." - 랄프 왈도 에머슨
세상에서 가장 든든한 내 편은 바로 내 자신이다. 변화시대에서 '자존감'은 있는 그대로의 나를 받아들이고 존중하는 마음의 큰 뿌리 역할을 한다. 이 뿌리가 튼튼하게 자리 잡은 사람은 타인의 평가나 실패의 상황에서도 자신의 삶을 주도적으로 이끌어 나가며 원하는 성취의 열매를 건강하게 얻어 낼 수 있다. 튼튼한 자존감을 위해 나를 객관적으로 들여다보고 스스로 사랑하는 힘을 기를 수 있는 방법에 대해 소개한다.

우리에게
자존감은 왜 중요한가

01

경쟁시대에
자존감을 잃어버린다면

직장인 J는 학교를 졸업하고 사회인이 된 지 벌써 6년 차가 되었다. 고등학교, 대학교, 대학원을 거치면서 꽤 열심히 살아왔다고 생각했다. 그런데 지난해 승진을 하지 못한 후, J보다 더 월등한 동기들과 비교할 때면 내 실력이 참 형편없다는 생각이 들면서 점점 위축되는 자신을 발견했다. '나는 왜 혼자서 할 수 있는 일이 없지?', '6년 차인데 나는 왜 이런 것도 모르지?', '동기들이 나를 형편없는 사람으로 여기는 게 아닐까?' J의 이런 생각은 점점 커져 갔다. 스스로 위축되는 상황이 반복되다 보니 일에 대한 자신감이 많이 떨어질 수밖에 없었다. 당연히 회사에서 보내는 일상은 무미건조함의 연속이었다. 퇴근 후 집에 와서도 무기력하고 이유 없이 우울한 기분은 쉽게 사라지지 않았다. 업무에 대한 자존감이 곧 스스로에 대한 자존감 하락으로 이어지고 있었다.

누구나 살아가면서 원하는 결과와 성취를 얻기 위해 노력하지만 수많은 좌절을 경험하기도 한다. 경쟁과 변화 속에서 '나'를 객관화하지 않고 자존감을 잃어버린다면 J처럼 타인과의 비교로 건강한 감정상태가 되기 어렵다. 자존감은 실패해도 있는 그대로의 나를 받아들이고 존중하며 스스로를 사랑할 수 있는 마음의 큰 뿌리 역할을 한다. 이 뿌리가 튼튼하게 자리잡은 사람은 자신의 삶을 주도적으로 이끌어 나가며 원하는 성취의 열매를 얻을 수 있다.

셀프리더에게
자존감이 중요한 이유

'자존감'이라고도 부르는 '자아존중감(自我尊重感, Self-esteem)'은 미국의 의사이자 철학자인 윌리엄 제임스가 1890년대에 처음 사용하였다고 한다. 자존감은 자신이 사랑받을 만한 가치가 있는 소중한 존재이고, 어떤 성과를 이루어 낼 만한 유능한 사람이라고 믿는 마음이다. 자존감은 객관적이고 중립적인 판단이라기보다는 주관적인 느낌이다. 타인에게서 얻어지는 것보다 스스로의 정체성을 제대로 확립할 수 있도록 해 주는, 자신을 객관화하는 첫 단추이다.

자존감이라는 개념을 자존심 또는 자부심과 혼동하는 경우가 있는데 자존감은 '있는 그대로의 모습에 대한 긍정'을 뜻하고, 자존심은 '경쟁 속에서의 긍정'을 뜻한다. 자부심은 '자신의 가치나 능력을 믿고 당당히 여기는 마음'이다. 비슷한 뜻의 이 세 단어를 정리하면 다음과 같다.

- **자존감** : 자신의 기본적 능력과 가치를 경험할 때 느끼는 것 → "할 수 있다."
- **자부심** : 행동과 성취로 인해 자신이 더 분명히 인식하는 만족감 → "해냈다."
- **자존심** : 남에게 굽히지 않고 자신의 품위를 스스로 지키는 마음 → "해내고야 말겠다."

자존감이 낮다고 해서 살 수 없는 것은 아니다. 하지만 스스로를 사랑하지 못해 계속 우울할 수 있다. 특히 변화의 시대에 스스로를 존중하고 가치 있다고 여기는 것은 삶의 질을 높일 수 있다. 셀프리더십과 자존감의 상관 관계를 연구한 결과에 따르면, 자존감이 높아지면 업무에 대해 과감한 도전정신으로 성취도가 높아지는데, 이는 곧 생산과 직결된다. 마음에 안정적으로 자리잡은 자존감은 우호적인 대인관계를 형성하고, 협력을 통한 긍정적 소통의 상황을 만들어 나갈 수 있다. 셀프리더로 원하는 삶을 살고 싶다면 자존감은 중요한 요소가 될 수 있다[24].

셀프리더의 자존감을 찾아서 :
나의 자존감 상태 진단

02

**변화의 첫걸음 :
나의 자존감 수준 알아보기**

심리학자인 너새니얼 브랜든은 자존감의 실체를 "나는 능력 있다."라는 '자기효능감'과 "나는 괜찮은 사람이다."라는 '자기가치감'으로 정의했다[25]. 구입한 물건 중에서 실용적이고 가치가 있는 것을 보면 뿌듯한 적이 있는가? 바로 그 느낌이다. 나는 쓸 만하고 나는 좋은 사람이라는 셀프개념, 나의 효용과 나의 가치에 대한 자기판단이 자존감이다. 자존감이 낮은 사람은 자신의 실체와는 별개로 남의 시선을 의식하며 살아간다. 자신감이 부족하기 때문에 대인관계가 원만하지 않고 열등감이 심하다. 그렇다고 해서 자존감이 마냥 높다고 해서 다 좋은 것은 아니다. 하늘을 찌를 듯이 자존감이 높은 것도 사회생활에서 문제가 될 수 있다. 자기를 너무 존중하다 보니 자칫 타인을 무시하기 쉽다. 이러한 자존감은 극단에 치우치기보다 적당히 균형을 유지하는 것이 중요하다.

자존감이 적당하게 잘 형성된 사람은 자신을 소중히 여기며 다른 사람과 긍정적인 관계를 유지할 수 있다. 학교나 직장에서도 자신의 능력에 자신감을 보이는 경향이 있다. 자신을 지탱해 주는 감정의 심지가 굳건하다. 다른 사람의 비난이나 어쩌다 생기는 실수에도 바람 앞의 등잔불처럼 흔들리지 않는다. 인생의 굴곡 앞에서도 유연하게 대처하는 모습을 보인다. 자존감은 현재 나의 상황과 감정에 따라 변화할 수 있다. 성적을 올리기 위해 레벨테스트로 나의 수준을 진단하고, 건강관리를 위해 주기적으로 건강검진을 하듯이 현재 나의 자존감 수준을 파악하기 위한 셀프진단은 꼭 필요하다. 다음은 심리학자 로젠버그가 프린스턴대학에서 연구한 〈Society and Adolescent Self-Image〉라는 논문에서의 자존감 척도 체크이다[26].

다음은 스스로에 대한 생각을 나타내는 문항들입니다.
여러분의 생각을 가장 잘 나타내는 곳에 ○표시 하십시오.

문항	대체로 그렇지 않다	보통이다	대체로 그렇다	항상 그렇다
1. 나는 내가 다른 사람들처럼 가치 있는 사람이라고 생각한다.	1	2	3	4
2. 나는 좋은 성품을 가졌다고 생각한다.	1	2	3	4
3. 나는 대체적으로 실패한 사람이라는 느낌이 든다.	4	3	2	1
4. 나는 대부분의 다른 사람들과 같이 일을 잘할 수가 있다.	1	2	3	4
5. 나는 자랑할 것이 별로 없다.	4	3	2	1
6. 나는 내 자신에 대하여 긍정적인 태도를 가지고 있다.	1	2	3	4
7. 나는 내 자신에 대하여 대체로 만족한다.	1	2	3	4
8. 나는 내 자신을 좀 더 존경할 수 있으면 좋겠다.	4	3	2	1
9. 나는 가끔 내 자신이 쓸모없는 사람이라는 느낌이 든다.	4	3	2	1
10. 나는 때때로 내가 좋지 않은 사람이라고 생각한다.	4	3	2	1

자아존중감(Rosenberg Self-Esreem Scale, RES) 진단지에 응답할 때 기억할 점은 결과에 대해 예상하지 않아야 한다. 나의 상태를 파악하는 목적에 따라 객관적으로 나의 모습을 되돌아보는 것이 중요하다.

[진단 결과] 총점의 범위는 10~40점이다. 점수가 높을수록 자존감이 높은 것을 의미한다. 30점 이상은 높은 자존감, 20점 이상은 보통, 19점 이하는 낮은 자존감이다.

[낮은 자존감] 1, 2, 4, 6, 7번 문항에는 '대체로 그렇지 않다'나 '보통이다'로 응답한다. 3, 5, 8, 9, 10번 문항에는 '항상 그렇다'나 '대체로 그렇다'로 응답한다.

당신의 자존감 수준은 어떠한가? 예상보다 낮은 점수가 나왔을지라도 걱정하거나 실망하지 말자. 자존감이 낮아 문제가 되는 건 아닌지 불안한 사람도 있겠지만, 자존감이 낮다는 것은 스스로 기뻐하고 성취를 인정하며 만족할 줄 아는 능력이 약한 것뿐이다. 앞서 강조했듯이 자존감은 훈련과 실행을 통해 언제든지, 얼마든지 향상시킬 수 있다.

어릴 때부터 경쟁사회에 내몰려 학습해 온 한국 사회의 특이점도 자존감 형성에 큰 영향을 미친다. 한국인은 어떤 일에 따라 자존감이 변화할까? 2013년에 발표한 이동귀, 양난미, 박현주 교수의 〈한국형 자존감 평가영역 척도 개발 및 타당화〉라는 논문의 체크리스트에도 응답해 보자[27].

한국형 자존감 평가영역 척도

평가영역	전혀 중요하지 않다	중요하지 않다	보통이다	중요하다	매우 중요하다
1. 외모	1	2	3	4	5
2. 인품/성품	1	2	3	4	5
3. 긍정적 태도	1	2	3	4	5
4. 배려/존중	1	2	3	4	5
5. 노력/성실성	1	2	3	4	5
6. 자신감/자부심	1	2	3	4	5
7. 가치관/윤리/도덕	1	2	3	4	5
8. 정신적 건강	1	2	3	4	5
9. 객관적 능력(예 : 업무수행, 문제해결, 리더십 등)	1	2	3	4	5
10. 주관적 능력(예 : 업무수행, 문제해결, 리더십 등)	1	2	3	4	5
11. 지적능력/지식	1	2	3	4	5
12. 말솜씨/화술	1	2	3	4	5
13. 성취/성공	1	2	3	4	5
14. 학업성적	1	2	3	4	5
15. 학력/학벌	1	2	3	4	5
16. 직업	1	2	3	4	5
17. 자신의 명예/지위	1	2	3	4	5
18. 가족(예 : 부모형제, 자녀, 배우자 등)의 명예/지위	1	2	3	4	5
19. 사회적 평판	1	2	3	4	5
20. 자신의 경제력(예 : 연봉, 월급, 용돈 등)	1	2	3	4	5
21. 가족의 경제력	1	2	3	4	5
22. 소유물(예 : 핸드폰, 아파트, 차 등)	1	2	3	4	5
23. 가족구성원(예 : 부모, 배우자, 자녀 등)	1	2	3	4	5
24. 가족 간의 사랑	1	2	3	4	5
25. 가정생활/분위기	1	2	3	4	5
26. 대인관계	1	2	3	4	5
27. 친구관계	1	2	3	4	5
28. 이성/연인관계	1	2	3	4	5
29. 공동체 내 관계(예 : 직장동료, 사제관계, 동호회 등)	1	2	3	4	5

당신은 어떤 부분에서 점수가 가장 높게 나왔는가? 연구 결과 한국인에게 자존감을 높여 주는 것은 사회적·객관적인 능력/긍정적인 성품/대인관계/가족으로 나타났다. 사회적인 지위나 성공, 외모와 재력 같은 요인은 실제로 자존감 형성에 도움이 되는 것으로 밝혀졌다.

하버드대학의 낸시 에트코프 교수가 1957년 미국 위스콘신에서 고등학교를 졸업한 1만 명의 시민을 대상으로 50년간 연구를 했다. 그 결과 외모가 뛰어난 사람은 고등학교를 졸업한 지 50년이 지난 후에도 행복한 경우가 많았다고 한다. 고등학교 시절 예쁘고 잘생긴 사람들이 평균 5.5% 더 행복했고, 날씬한 사람은 7.4% 행복했다. 교육수준이 높은 사람은 4.6%, 건강한 사람은 4%, 연봉이 높은 사람은 3.1% 더 행복했으니, 외모가 주는 행복이 꽤 크다는 것이다.

하지만 외모가 주는 행복감이 '정신건강'의 전부는 아니다. 사회적인 지위나 성공, 외모와 재력 같은 요인으로만 자존감을 채운 사람들은 주로 정신 건강이 취약한 경우가 많았다. 성품이나 친구, 대인관계와 가족들과의 사랑으로부터 자존감을 얻는 사람들은, 주로 사회적인 조건으로 자존감을 얻는 사람들보다 정서적으로 훨씬 건강했다. 거듭 강조하지만 자존감은 특정한 조건에 영향을 받으며, 그 조건은 훈련과 실천에 따라 충분히 변화가 가능하다.

이윤옥(1998)이 개발한 자아존중감 향상을 위한 교육 프로그램을 살펴보면, 자아존중감 향상 프로그램은 자기인식(Self-awareness), 자기통제(Self-control), 유능감(Competence), 힘(Power), 신뢰감(Trust) 등 다섯 가지 요소로 내용을 구성하였다. 이 요소들은 위계적인 관계를 의미하지 않는다고 하였고 보편적으로 자아존중감이 향상되기 위해서는 우선 자신을 중심으로 한 자아인식, 자아통제를 바탕으로 점차 타인과의 관계에서 능력, 힘, 신뢰감으로 확대되어 가는 상태를 보인다고 하였다. 또한 이 다섯 가지 구성 요소는 상호연결성을 갖는다[28]. 본 챕터에서는 셀프리더가 되기 위한 자존감 향상방법으로 타인의 격려, 지지 외에도 스스로 훈련하고 일상에서 실천할 수 있는 자기대화를 살펴보기로 한다. 자존감이 낮아졌다고 느낄 때 나의 감정을 관리하는 것과 자존감 향상에 도움이 되는 방법을 알 수 있다.

자존감을 높이는
긍정적 자기대화

03

**타인의 평가가 아닌
주도적인 삶을 위한 자기확신**

                    회계 업무를 보던 회사원 B는 6개월 전 인사 팀으로 발령을 받았다. 이전 부서와 전혀 다르다 보니, 회의에 참석할 때마다 낯선 분위기와 모르는 업무 용어가 많았다. 업무 용어는 스스로 학습하면 터득할 수 있지만, 말수도 적고 내성적인 성격 탓에 평소에도 직원들과 수시로 소통해야 하는 일이 가장 힘들게 느껴졌다. 같은 일을 하는 K는 유머러스하고 사교성이 좋아 직원들의 칭찬이 끊이질 않았다.

    며칠 전 현장의 소리함에서 B의 무뚝뚝함이 불친절하고 차갑게 느껴져 불쾌했다는 클레임을 받은 후로는 자괴감마저 들었다. 회계 팀에 있을 때는 곧잘 칭찬도 받고 인정받은 느낌에 출근길이 즐거웠다. 그러나 인사 팀으로 온 후로는 가장 쓸모없는 사람이 된 느낌에 심각하게 이직을 고민하는 중이다. B는 정말 팀에서 가장 쓸모없는 사람인가?

우리가 조직에서 수행해야 하는 업무 중 내가 가장 익숙하고 잘하는 업무가 있는 반면, 미숙하고 잘하지 못하는 업무는 누구에게나 있다. 특정 업무가 미숙하다고 해서 직장인으로서 나의 전반적인 역량이 모두 부족하다고 보긴 어렵다. 사람은 사회 속에서 다른 사람과 연결되어 있기 때문에 끊임없이 나와 타인을 비교할 수밖에 없는 존재이다. 마음속으로 '이제 나는 비교하지 말아야지'라고 생각한다고 해서 멈추게 되지는 않는다.

여기서 필요한 자세는 비교하지 않겠다는 다짐이 아니라 인정하는 자세이다. 일례로 우리는 같은 시기에 들어온 입사 동기의 업무능력을 비교하지 않을 수 없다. 그러므로 한 발자국 더 나아가 생각해야 한다. 비교한다면 제대로 하고 배울 섬이 있다면 배우는 자세를 취해야 한다. 내가 더 잘하는 부분도 분명히 있고 반대로 배워야 할 부분도 있다. 때로는 따라갈 수 없는 부분을 인정해야 할 필요도 있다. 누군가와의 비교에서 오는 우월감이나 열등감 대신, 나 자신의 고유한 장점과 가치관을 분명히 하는 데 집중하는 것이 자존감 향상에 큰 역할을 한다. 내가 열심히 하는 것을 아무도 알아주지 않는다고 해서 쓸모없는 사람이 아닌, 스스로의 가치를 믿고 인정하는 자존감이 부정적인 상황에 대한 회복력을 높여 주는 것이다.

자존감이 낮은 사람은 깨어 있는 시간의 대부분을 타인과 과거에 몰두한다. 스스로에게 가장 가혹한 타자가 되어 '너는 왜 그 모양이니?'라며 마음의 채찍을 휘두른다. 그러나 타인의 칭찬은 1회용 반창고일 뿐 근본적인 처방전이 되기 어렵다. 스스로 치유할 수 있는 처방전으로 '나와의 대화 나누기'를 권한다. 손상된 자존감을 정상화하는 것보다 지금 있는 위치에서 자존감을 끌어올려야 한다. 자신을 객관화시킬 수 있는 내면의 대화를 통해 현재의 내가 할 수 있는 일을 찾아야 한다. 자신의 능력과 한계에 대해 어떻게 생각하는지, 자신이 가치 있는 존재임을 인식하고 역경에 맞서 이겨 낼 수 있는 힘을 길러야 한다.

자신의 능력을 믿고 자신의 노력에 따라 삶의 성취를 이루어 낼 수 있는 자기확신에서 자존감의 성장이 시작된다. 자존감은 자기효능과 자기가치라는 두 개의 핸들이 있다. 스스로 이룬 성취의 경험이 있고, 그 과정에서 좋은 사람을 만나 긍정적인 인간관계를 경험하면 자존감은 자연스럽게 올라간다. 과거의 상처, 타인의 비난을 떠올리며 '낮은 자존감의 도돌이표'를 겪은 사람이라면, 무조건 '나는 괜찮다'라는 자기위로보다 합리적 지성과 객관적인 나와의 대화가 필요하다. 자존감이 떨어진 원인을 파악하고 어떻게 높일 것인지에 대한 고민이 필요하다.

자존감의 시작은 '나에게 관심 갖기'

자존감 향상을 위해서는 나만의 가치로 내 삶을 주도적으로 이끌 줄 알아야 한다. 후배나 동기보다 승진이 늦어도, 누군가가 무례를 범해서 기분이 나빠도 무조건 '괜찮다'라고 생각하는 것은 나의 감정상태에 별 도움이 되지 않는다. 그것은 부정적인 감정으로 남을 것이다. 부정적인 감정과 기억은 나의 자존감에 상처를 주어 변화나 위기가 발생했을 때 유연하게 대처하는 힘을 잃게 한다. '과거의 나'

를 '불쌍한 나'로, '오늘의 나'를 '거짓된 나'로 설정하면 결코 '진정한 나'에 도달할 수 없다. 실패하고 부정적인 상황을 확대해석 하지 말고, 객관적인 자기대화를 시도해 보자. 나 자신과 소통하는 것은 필수적이고, 스스로를 돌봄에 있어서 정서적으로 필요한 일이다. 우리는 수많은 이유로 자기 자신에게 마땅히 줘야 할 관심을 주지 않고, 자신이 가지고 있는 자원을 경시한다.

미국의 유명한 정치가이자 연설가였던 벤자민 프랭클린은 인생에서 아주 단단하고 어려운 세 가지를 강철, 다이아몬드, 그리고 자기 자신을 아는 것이라고 했다. 강철이나 다이아몬드는 비슷비슷하지만 제각각 형태가 다르고 강도도 다르기 때문에 자신을 둘러싸고 있는 단단한 껍질을 깨기 전에는 스스로를 아는 것이 힘들다는 의미일 것이다. 참으로 어려운 일이지만, 자신의 삶에서 중요한 부분이므로 끊임없는 자기대화를 통해 '나 들여다보기'를 해야 한다.

셀프리더에게 필요한
객관적이고 긍정적인 자기대화

우리 모두가 내적 대화를 하지만 미시간대학의 정서심리학자 에단 크로스는 "인간은 치유할 수 없을 정도로 부정적인 혼잣말을 하는 경향이 있다."라고 했다. 실제로 우리 대부분은 그렇게 행동한다. 무슨 일이 기대한 대로 되지 않거나 실수를 저지르면 우리가 얼마나 어리석고 쓸모없는지 의식하게 만든다. 이는 우리를 무력하게 만들고 우울증에 가까워지게 만드는 부정적인 내적 대화이다. 나 자신과 평생을 함께하는 사람은 당신 자신이란 것을 기억하자.

　내가 원하는 삶을 살기 위한 목표가 행복, 평안, 성장 등의 긍정에 있다면 당신이 누구인지, 당신의 가치가 무엇인지에 대한 대화가 매우 중요하다. 자존감의 근원은 내면에 있고, 타인의 행동이 아닌 나의 행동에 달려 있다. 이제는 스스로에게 '아무것도 잘하는 게 없어. 난 잘할 수 없고, 난 실패작이야'라고 말하는 것을 멈추어야 한다. 그러면 이제 자기대화의 긍정적인 효과에 대해 살펴보자.

　첫째, 자기대화는 나의 현재 감정을 인식하고 이해하고 잘 처리할 수 있게 해 준다. 둘째, 자기대화는 가장 진솔하고 믿을 만한 동기부여의 강력한 원천이다. 이것은 어두운 곳을 밝히기 위해 머릿속에 전등 스위치를 켜는 것과 같다. 우리의 뇌는 자아의식이 살고 있는 곳으로 명확한 사고를 하게 한다. 마찬가지로 내면의 목소리를 들을 때 부정적인 생각을 좀 더 현실적으로 볼 수 있게 한다.

**자존감을 높이는
자기대화의 방법**

워킹맘 H는 3살 된 아들이 아직 어려서 관심과 보호를 받아야 된다고 생각했다. 그래서 아이가 5살이 될 때까지 휴직하기로 결심했다. 하지만 6개월이 채 되기도 전에 그녀는 전업주부로서의 생활이 만족스럽지 못했다. 결국 아이를 어린이집에 맡기고 복직하기로 결정했다. 그녀의 가정은 형편이 여의치 않았고, 경제적으로 좀 더 여유 있게 아이를 양육하기 위해서라도 좋은 선택이었다고 생각했다.

하지만 그녀는 좋은 엄마가 아니라는 생각에 끝없이 자책했다. 설상가상으로 복직한 회사에서도 늘 아이의 하원시간에 쫓겨 업무처리에 급급하다 보니, 실수를 하는 경우도 많았다. 번번이 회식과 사내의 각종 행사에 참석하지 못해서 대화도 겉돌았다. 그러자 상사와 동료의 관계에서도 소외감이 드는 날이 많아졌다. 더구나 직장에서 돌아와도 집안일과 아이를 돌봐야 하니, 자신도 모르게 아이에게 짜증을 냈다. '나는 아이에게 나쁜 엄마야', '회사에서 애 엄마는 어쩔 수 없다는 소리를 하지 않을까?', '이러지도 저러지도 못하고 그냥 어디론가 훌쩍 떠나고 싶다' 속상하고 우울한 날의 연속이었다.

다른 워킹맘들은 멋진 커리어우먼의 삶을 사는 듯한데, 회사에서도 가정에서도 어느 것 하나 제대로 하지 못하는 자신이 싫었다. 혼자만의 시간이 절실하기만 했다. 누구보다 고군분투하는 H였지만 직장에서는 프로페셔널한 여성으로 비치지 못하고, 가정에서는 아이를 완벽하게 돌보지 못한다는 부정적 감정과 자책에 시달리며 자존감이 낮아져 있는 상태였다.

아이를 키우면서도 남들처럼 일에서 인정받고 싶고, 내 아이에게 완벽한 엄마이고 싶지만 시간과 에너지는 한정되어 있다. 일과 육아는 끝이 없으니 답이 보이지 않는다. 그래서 자존감은 쉽게 무너질 수 있다. H가 느끼는 감정은 '당연한 것'이다.

자존감이 낮아진 상태에서 상황에 대해 반응할 때 즉각적으로 드는 생각은 '현실'이 아닌 '인지왜곡'을 바탕으로 한다. 인지왜곡은 주변의 사건이나 상황을 왜곡한다. 그 의미를 해석하는 정보처리 과정에서 범하는 체계적인 잘못으로 주변의 사건이나 상황에 대해 생각하고 추리하는 데 광범위하고 체계적인 오류를 일으키기도 한다.

하나의 전체적인 경험에는 생각, 감정, 행동이 공존한다. 이 요소들은 밀접하게 연결되어 있다. 스스로가 하는 생각이 사실이 아닌데도 생각은 감정을 만들어 내고, 감정은 행동에 영향을 미치면서 경험을 만들어 낸다. 자존감은 소소하지만 긍정적인 경험이 쌓이면서 회복되고 향상될 수 있다. H의 사례를 바탕으로 단계적인 생각 전환을 통해 나의 부정적 자기대화의 패턴을 바꾸도록 시도해 보자[29]. 이 방법을 사용하여 변화된 감정, 생각, 행동에 미치는 영향은 긍정적인 경험을 이끌어 낼 수 있다. 같은 상황일지라도 어떻게 인지하고 해석하는지에 따라 자존감은 낮아질 수도 높아질 수도 있다.

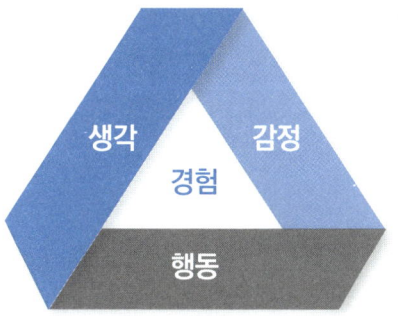

[예시]

〈사건〉 오늘도 회사 행사에는 참석하지 못했고, 아이의 어린이집 하원시간에도 늦게 도착했다.

1단계 **생각** : 나는 무능해서 엄마로서도 회사원으로서도 늘 부족함 투성이이다.
2단계 **감정** : 서럽고 지친다. 답답하다. 혼자서 훌쩍 떠나고만 싶다.
3단계 **행동** : 괜히 아이와 남편에게 짜증을 냈다.
4단계 **생각 전환** : 당신이 무능하다고 입증할 객관적인 근거가 있는가? 당신은 정말 매사 부족함 투성이인가? 무능하다는 생각이 주관적인 생각은 아닌지 자문해 보고, 한 가지 사건을 전체적으로 해석하고 있지는 않은지에 대해 생각해 봐야 한다.

"회사 행사에는 참석하지 못했고, 아이의 어린이집 하원시간에도 늦게 도착하는 바람에 오늘 유독 지치고 답답한 기분이 들었지만 나는 오늘도 최선을 다했고 누구보다 잘 해내고 있다. 다음부터 힘들 땐 가족들에게 짜증 대신 부드럽게 도와달라고 부탁을 해야겠다."

자존감을 높이는
감정인식

04

셀프리더에게 필요한
감정인식은 무엇인가

앞서 강조했듯이 객관적인 자기대화에서 감정인식이 낮아졌을 때는, 나의 감정과 욕구에 귀를 기울이기보다는 타인의 인정과 욕구에 나를 끼워 맞춘다. 그런데 그것이 자기만족이라고 착각하는 경우가 많다. 자존감을 향상시키고 삶을 주도적으로 펼쳐 나가기 위해서는, 안갯속 같은 자신의 기분을 확인하고 정의하는 것이 필요하다. 감정인식은 우리 모두가 발전시켜야 할 기술이다. 우리의 감정을 더 잘 관리할 수 있는 강력한 도구이다. 그러나 감정인식을 잘 활용하기란 쉽지 않다. 왜냐하면 인간의 감정적인 경험들은 변덕스럽고, 예측할 수 없고, 혼란스러울 때가 많기 때문이다. 우리의 마음을 그림자로 드리우는 혼란스러운 감정 때문에 삶의 질이 낮아질 수도 있다.

감정단어 목록

걱정스럽다	막막하다	서럽다	어색하다	지루하다
곤란하다	못마땅하다	서운하다	어이없다	짜증스럽다
괘씸하다	무섭다	섭섭하다	억울하다	창피하다
괴롭다	무안하다	속상하다	외롭다	허무하다
귀찮다	분하다	슬프다	우울하다	허전하다
난처하다	불만스럽다	실망스럽다	원망스럽다	혼란스럽다
답답하다	불안하다	약오르다	원통하다	화나다
두렵다	불쾌하다	얄밉다	조급하다	힘들다
마음이 아프다	불편하다	뿌듯하다	다행스럽다	흥분되다
가엾다	당황스럽다	민망하다	샘나다	측은하다
궁금하다	떨린다	부끄럽다	안타깝다	후회스럽다
긴장되다	미안하다	불쌍하다	애처롭다	통쾌하다
간절하다	든든하다	사랑스럽다	유쾌하다	행복하다
감격스럽다	만족스럽다	상쾌하다	자랑스럽다	홀가분하다
감사하다	믿음직스럽다	설레다	재미있다	후련하다
고맙다	반갑다	시원하다	즐겁다	흐뭇하다
기쁘다	벅차다	신나다	짜릿하다	찝찝하다
놀랍다	부럽다	안심되다		

감정을 나타내는 단어가 무려 250개나 있다는 사실을 알고 있는가? 우리는 그중에서 몇 가지를 알고 있는가? 어릴 때 우리는 이러한 단어에 대해 교육받은 적이 있는가? 자신의 감정을 인식하고 이름을 붙이는 방법을 아는 것은 우리의 삶을 더 윤택하게 만들어 준다. 그러므로 우리 모두가 감정의식을 발전시킬 필요가 있다. 추가적으로 다음과 같은 이유도 있다[30].

첫째, 우리의 감정을 인식하고 더 나은 결정을 내리는 데 도움이 된다.

둘째, 다른 사람의 감정을 인식하고 이해하여 소통하기가 쉬워진다.

셋째, 감정인식은 자신을 보호하기 위해 한계를 설정할 수 있도록 도와준다.

넷째, 우리가 스스로를 더 잘 알 수 있도록 도와준다.

자존감이 낮아졌을 때는 어떻게 감정인식을 해야 할까

앞의 감정단어 목록을 참고하면서 자존감이 낮아진 상황을 떠올리며 다음의 질문에 답해 보자.

[자존감이 높아졌을 때]

1. 사건/상황이 일어나기 전 자존감이 높았던 나의 모습은 어떠했는가?
2. 감정적인 상태는 어떠했는가?
3. 사건/상황이 발생하기 전에는 어떻게 행동했는가?

[자존감이 낮아졌을 때]

1. 자존감을 잃은 후 어떤 감정이 생겼는가?
2. 사건/상황이 발생한 후 자신에 대해 어떤 생각이 들었는가?
3. 자존감을 잃고 어떤 기분이 들었는가?
4. 사건/상황이 발생한 후 행동이 어떻게 변했는가?

[감정인식의 방법] 생각, 감정, 행동 구분하기

감정인식의 방법을 사용하여 감정적으로 유능한 사람이 되는 것은 우리의 정신건강에 직접적이고 긍정적인 영향을 미칠 것이다. 감정인식은 우리가 스스로를 더 잘 알고 삶을 더 잘 통제할 수 있는, 더 만족스러운 방향으로 이끄는 나침반 역할을 한다. 나의 생각, 감정, 행동을 구분하는 연습을 통해 나의 감정을 잘 인식하고 관리하는 방법을 알아보자.

첫째, 감정의 신호 알아차리기 : 이 사건을 떠올리면 어떤 신체반응이 느껴지는가?

> [예시] 부장님께 혼이 나니 심장이 두근거리고 등에 식은땀이 난다.

모든 감정은 우리가 알아야만 하는 신체적 조건들을 보여 준다. 예들 들면 심박수에 변화가 생기거나 배가 아픈 경우가 있다. 몸 안에서 어떤 반응이 일어나는가? 감정에는 적응기능이 있다. 어떤 감정들은 우리에게 주는 모든 에너지를 가지고 행동하도록 부추긴다. 감정이 보내오는 신체적 반응을 잘 알아차리는 것만으로도 불필요하게 감정에 소모되는 나의 에너지를 아낄 수 있다.

둘째, 감정에 이름표 달기 : 이 사건을 떠올리면 어떤 감정이 드는가?

> [예시] 답답하고 수치스럽다. 나는 쓸모없고 실수투성이의 무능력자 같다.

기본적으로 우리의 모든 감각과 정신상태는 우리가 감지할 수 있는 감정으로 시작한다. 사건을 떠올리면 어떤 감정이 드는지 다양한 감정단어를 활용해서 감정에 이름표를 달아 정확히 파악하려는 시도가 필요하다. 내가 느끼는 감정이 무엇인지 알아야 나의 욕구를 상대에게 요청할 수 있기 때문이다.

셋째, 이 사건으로 인해 어떤 행동을 하게 되었고, 앞으로는 어떻게 행동하고 싶은가?

[예시] 그래서 오늘 과음을 했다. 다음에는 술이 아닌 운동으로 스트레스를 풀고 싶다.

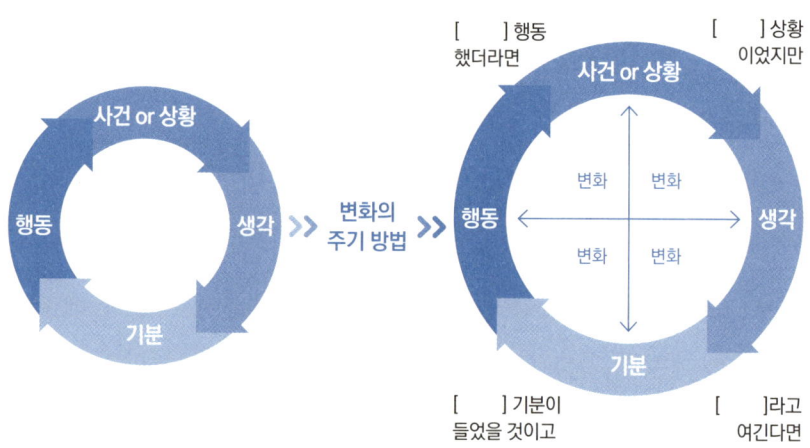

셀프리더가 되기 위한
자존감 향상의 핵심은 훈련과 실천

[예시]

1단계 **사건** : 이 사건을 떠올리면 어떤 감정이 느껴지는가? ➡ [　　] 상황이었지만

2단계 **생각** : 나는 어떤 사람이라고 생각하는가? ➡ [　　]라고 여긴다면

3단계 **감정** : 나의 기분은 어떤가? ➡ [　　] 기분이 들었을 것이고

4단계 **행동** : 이 사건으로 인해 어떤 행동을 하게 되었고, 앞으로는 어떻게 행동하고 싶은가?
➡ [　　] 행동을 했지만 앞으로는 [　　] 행동해야겠다.

자존감을 유지하기 위해서
기억할 3가지

05

나는 존재 자체만으로
이미 충분하다

누구나 타인에게 인정받고 싶은 욕구가 있다. 다만 이 인정받고 싶은 마음이 커져 힘들어지는 이유는 타인으로부터 기대한 만큼 평가받지 못했을 때 스스로를 부정하면서 시작된다. 스스로가 얼마나 가치 있고 존중받아 마땅한 사람인지 타인의 평가에 사로잡혀 잠시 알아채지 못할 수 있다. 중요한 것은 타인은 나를 평가할 수 있지만 온전히 나를 이해할 수는 없다. 타인의 평가가 내 전부가 될 수 없고, 그 평가로 내 존재를 부정하지 말자. 세상에서 나를 오롯이 이해하고 인정할 수 있는 것은 오직 나뿐이다. 그런 의미에서 세상 누구보다 내가 나를 가장 잘 알기에 타인이 나를 생각하는 것보다 내가 나를 어떻게 생각하는지가 중요하다. 거창하고 대단한 성공 경험이 아니더라도 일상에서 스스로를 기특하게 여기는 순간이 많을수록 자존감은 높아진다. 비록 지금은 내가 원하는 나의 모습이 아닐지라도 내 존재와 가치는 변하지 않는다는 것을 꼭 기억하자. 앞으로가 더 기대되는 긍정적인 나를 응원하며 있는 그대로의 나를 인정하자.

자신의 의견이나 마음을 당당하게 표현하자

사람들과 더불어 사회생활을 할 때 나의 의견이나 마음을 당당하게 표현하기 쉬운 것은 아니다. 하지만 자신의 감정을 억누르고 부인하면서 타인의 의견과 감정에만 맞춰 산다면 스스로의 신뢰감이나 안정감이 줄어들게 된다. 억지로 내 감정과 의견을 억누르며 괜찮은 척 살아가는 것이 아니라 내 감정을 타인에게 건강하게 표현하는 방법을 익히고 실천하는 것이 필요하다. 그러기 위해서는 나의 감정의 원인을 정확하게 알고, 그 감정을 잘 관리하고 일상에서 유연하게 사용하는 것이 중요하다. 위의 감정 관리의 방법을 활용하여 내가 진정으로 원하는 것이 무엇인지 내 감정에 대해 스스로 자주 물어봐야 한다. 더불어 부정적인 상황에 무조건 참거나 죽겠다, 힘들다, 미치겠다 등등의 극단적인 단어를 사용하는 것이 아니라 부정적인 상황에 대한 객관적인 사실 – 그로 인한 나의 감정 – 내가 원하는 바람(해결책)을 당당하게 표현하자. 여기서 기억할 점은 '너 때문에 힘들어'와 같이 상대를 비난하거나 질책하는 것이 아니라 나의 감정과 바람을 당당하고 왜곡 없이 전달하는 것이 중요하다.

예를 들어, 업무를 나에게만 미루는 얄미운 직장 동료로 인해 매일 참기만 하고 한마디도 제대로 못 하는 스스로를 자책하고 있다면, 나의 의견과 마음을 이렇게 표현해 본다.

'대리님 때문에 맨날 야근하는 게 짜증나고 힘들어요'가 아니라,

1) 객관적인 사실
 김대리님, 공동작업이 필요한 업무인데 혼자 맡아 하다 보니

2) 느껴지는 감정
 보고일까지 완료할 수 있을까 걱정이 되고 힘이 듭니다.

3) 나의 바람
 A부분은 대리님이 맡아 주시면 감사하겠습니다.

책을 읽는 것만으로 저절로 자존감이 높아지는 것은 아니다

자존감은 평생 높아졌다 낮아졌다를 반복한다. 자존감을 높이기 위해서는 건강한 자기감이 바탕이 되어야 한다. 자존감이 자신을 존중하는 감각이라면 자기감은 자신을 이해하는 감각이다. 자신이 어떤 사람인지 스스로 판단하고 인지하는 자기감을 바로 세우고, 자신이 어떤 사람인지 알아야 존중할 수도 있다. 그런 이유로 사람들은 책으로 많은 지식을 얻는다. 그러나 책에서만 머무르지 않고 과감하게 실행할 때 진정한 자존감의 변화는 찾아온다. '실천은 당장 하기 힘

드니 다음에 해야지'라는 생각만 하고 넘겨 왔다면, 우리의 자존감은 늘 제자리일 것이다. 변화와 주도적 삶을 위해 자존감을 높일 수 있는 유일한 방법은 지식을 배우고 실행하는 것이다.

Chapter. **04**

생산적인 삶을 만들어 갈 수 있는 힘, 객관적 성찰

———

오늘의 행복은 '어떤 가치관으로 상황을 인지하느냐'에 따라 당락 될 수 있다. 미래의 행복은 오늘의 내가 '성장하기 위해 무엇을 했느냐'에 따라 결정될 수 있다. 오늘과 미래의 행복을 거머쥐기 위해, 즉 살고 싶은 삶을 살기 위해 스스로를 객관적으로 성찰할 수 있는 힘, 메타인지가 필요하다.

객관적
성찰이란

01

공부를 잘하는
아이들의 비결

경기도 소재의 고등학교에서 과학지문을 암기하는 테스트를 했다[31]. 테스트 직전, 한 반은 같은 지문을 7분 동안 더 보도록 재학습을 시켰고, 다른 한 반은 공부한 것을 백지에 쓰도록 셀프 테스트를 시켰다. 두 개 반의 시험 성적은 어땠을까? 재학습 반은 61점, 셀프 테스트 반은 55점이었다. 일주일 후 같은 내용으로 테스트를 했는데 결과는 반전이었다. 셀프 테스트를 했던 반은 53점으로 일주일 전에 공부했던 내용이 기억에 그대로 남아 있었지만, 재학습을 했던 반은 45점으로 기억에서 정보가 사라지고 만 것이다.

EBS에서 방영된 〈0.1%의 비밀〉에서 성적이 우수한 학생의 공부 법이 소개되었다[32]. 수업시간에 필기한 것을 지워 버리고 그 자리에 무언가를 적기 시작한다. 같은 내용을 적기보다는 자신이 이해한 것을 자신의 언어로 써 보는 것이다. 수업시간에 막연히 알 것 같다고 느껴지는 것과 실제 알고 있는 것의 차이를 분명히 구분할 줄 아는 것이다. 어떤 학생은 자신만의 방법으로 노트를 작성한다. 내용과 중요도의 비중에 따라 노트의 구성이 달라지기 때문에 자신만의 기준으로 재구성된 노트는 시험을 볼 때 최고의 참고서가 되는 것이다.

수업시간에 선생님의 가르침을 듣는 것과 들은 내용을 복습하는 것은 분명히 다른 영역이다. 새로운 내용을 배우기 위해선 전문가의 도움이 필요하지만 들은 내용을 내 머릿속에 오랫동안 저장하려면 혼자만의 학습 시간과 방법, 즉 주도적인 학습법이 필요하다. 주도적 학습은 객관적인 관점에서 내가 무엇을 알거나 모르는지를 스스로 깨닫고 내게 알맞은 학습법을 설계하며 피드백해 나가는 과정을 말한다. 그러기 위해선 자신이 인지하고 있는 것에 대해 명확하고 구체적인 파악이 필요한데 이것이 메타인지라는 개념이다. 1970년대 초 발달 심리학자인 Flavell이 만들어 낸 이 용어는 '인지에 대한 인지'를 뜻한다.

인생을 잘 살고 싶은
어른들의 고민

이런 메타인지의 기술은 학업 스트레스에서 탈출한 성인에게도 필요하다. 인생은 새로운 관문의 연속이기 때문이다. 대부분의 인생은 취업이나 창업, 사업을 준비하고 사회 초년생으로서 낯선 직무와 사회생활에 적응해야 한다. 승진과 경쟁력을 쌓기 위해 애쓰며 재테크를 위한 공부를 하고 가정을 꾸린다. 자녀가 생기면 대학에 입학시킬 때까지 매해 새로운 과제와 씨름한다. 어느덧 은퇴시기가 다가올 때쯤 제2의 직업과 건강, 노후를 위한 걱정과 준비를 해야 된다. 물론 결혼과 자녀계획은 인생관에 따라 선택이 달라지지만 생계나 건강은 선택의 여지가 없다.

1인 다 역을 하는 평생 배움이 필요한 시대에서 잘 산다는 의미는 무엇일까? 언젠가는 겪게 될 삶의 변화 속에서 나와 가족의 행복을 지켜내고 미래에 요구되는 역할을 대비하거나 '살고 싶은 삶'의 형태를 만들기 위한 준비가 필요하지 않을까?

'살고 싶은 삶'을 위한 행복과 성장

하루의 문을 여는 아침 6시. 눈앞에 '행복한 하루'와 '불행한 하루'를 선택할 수 있는 각각의 버튼이 있다. 무엇을 누르겠는가? 주저하지 않고 행복한 하루를 선택하고 싶겠지만 사실상 내 하루는 그렇게 녹록지 않다.

호아킨 피닉스가 연기한 영화 〈조커〉는 '농담을 잘하는 사람'이라는 뜻의 Joker가 악마의 대명사로 불려지게 된 사연을 보여 준다. 관객들에게 웃음을 주고 박수를 받는 개그맨이 되고 싶었지만 주변 사람들은 온통 그를 무시했고 그는 결국 참고 참았던 분노의 임계점을 폭발시켰다. '악마가 되기를 선택하겠습니까'라는 버튼을 스스로 누르고 만 것이다.

우리의 일상과 닮은 구석이 있다. 원하는 삶과 현실이 일치하지 않고, 하고 싶은 말보다 듣기 싫은 말을 들어야 하는 시간이 넘친다. 또 우리는 주변의 눈치를 보느라 지친 나머지 나와 내 가족에게 소홀하고, 남과의 경쟁에만 집착하느라 나만의 경쟁력을 키울 여유가 없고, SNS 셀럽의 잘 꾸며진 모습이 나를 더 초라하게 만든다. 성공을 위해서 오늘 누려야 할 행복을 아주 멀리 떠밀어 내기도 한다. '행복한 하루'를 살고 싶어도 행복을 지켜 낼 수 있는 내 의지가 없다면 행복해지기 힘든 것이다.

'살고 싶은 대로 사는 것'이 잘 사는 삶이라면 행복이라는 가치는 선택일까, 필수일까? 행복은 선택을 논할 수 있는 가치가 아니다. '살고 싶은 삶'에서 행복은 필수적이다.

지갑의 현금이 저절로 불어나지 않듯이 나와 내 가족의 행복도 알아서 채워지지 않는다. 생산해 내는 방법을 인지해야 한다. 돈을 불리는 공부를 하듯, 우리의 행복이 무언가에 의존하지 않고 외부의 공격을 받지 않도록 지켜 낼 수 있는 공부가 필요하다. 이상적인 것을 추구하되 현실감각을 잃지 않는 것 말이다.

한 라디오 프로그램에서 '고독사'에 대한 주제로 사연을 나누고 있었다. 전화연결이 된 50대 가장인 청취자에게 '언제 고독하다고 느끼냐'라는 질문을 하자, '힘들게 일하고 집에 들어가는데 불 꺼진 집안을 볼 때'라는 답변이 돌아왔다. 전쟁터 같은 직장에서 하루를 보낸 후 녹초가 되어 집에 돌아왔는데, 나를 반겨주는 가족이 아무도 없는 것이다.

이 사연이 나의 이야기와 같다고 생각한다면 혹시 '죽어라 일을 열심히 한 죄밖에 없는데…'라는 생각이 드는가? 그렇다면 이렇게 자문을 해 보자. '일만 열심히 했던 것은 아니었나?'라고. 사회인은 1인 다 역을 한다. 직장에선 직무수행자, 상사나 부하직원. 집에서는 부모나 자녀, 배우자. 또 자신의 취미나 자기계발을 충족시키는 역할도 한다. 이 중에 한 가지 역할이라도 노력이 부족해지면 금이 생기고 많은 시간 동안 방치하면 갈등이 된다.

그렇다면 미래의 나와 가족에게 안락한 행복을 주기 위해 무엇이 필요할까? 직장에서의 건재함, 가족과의 소통, 경제적 여유는 필수이다. 그리고 애환을 나눌 수 있는 지인, 체력과 건강, 지혜와 통찰력 또한 공통분모이다. 이들 중 없어도 된다고 생각되는 것이 있는가? 비록 하루 24시간을 살아가는 인간이지만 누군가가 대신해 주지 않고, 잃고 나면 되돌릴 수 없다. 그래서 우리는 성장을 해야 한다. 행복이 현재에 충실하기 위한 필요조건이라면 성장은 나중의 현재에 행복하기 위한 필수 조건이다. 지금의 행복을 지키면서 미래의 나와 가족을 안락하게 해 줄 수 있는 생산적인 준비를 지금부터 시작해야 된다.

알고 있는 것에 대한
객관적 성찰

02

알고 있다는 착각, 문제없다는 착각

〈개미와 베짱이: 행복과 성장의 가치를 함께 두어라〉 이솝 우화 속 개미와 베짱이는 답답하고 어리석다. 성실하게 살아가지만 자신보다 집단의 이익을 우선으로 살아가고, 유희를 즐기느라 한 치 앞을 내다볼 줄 모른다.

개미처럼 살 것인가, 베짱이처럼 살 것인가? 더불어 사는 세상에서 개미의 이타적인 가치관은 중요하다. 성실하게 먹이를 모았으니 추운 겨울 나와 남의 배를 부르게 할 수 있었다. 베짱이는 개미의 이타주의가 없었더라면 유희와 죽음을 맞바꾸는 삶을 살 뻔했다. 물론 베짱이가 추구하는 유희 또한 '살고 싶은 삶'이 되기 위해 필요하다. 성실하게 살면서 유희를 즐길 줄 알고 타인과 더불어 살 수 있는 삶, 그것은 불가능하기만 한 것일까?

〈여우와 포도: 원하는 것을 어떻게 취할 것인가〉 허기진 여우는 높이 매달려 있는 포도가 야속하다. 애써 여우는 '나는 저 포도가 먹고 싶지 않아'라며 스스로를 달랜다. 가질 수 없는 허황된 목표를 삼는 것은 자기 행복을 아주 멀리 밀어내게 한다. 열매를 언제쯤 딸 수 있을지, 언제까지 배고픔을 참아야 할지 모르는 목표는 자기 자신을 끊임없이 채찍질해야 된다.

사다리를 이용할 수 있는 인간이라면 어떻게 풀이될까. 눈앞에 닥친 난관을 감당하지 못한다는 것을 느꼈다면 변화의 필요성을 인지하고 성장하기 위한 방법을 고민할 수 있어야 한다. 포도 따 먹기가 허황된 목표라 여기고 바로 포기하는 것은 성장을 멈추는 지름길이다.

변화와 위기는
내 삶에 반드시 일어난다

2020년 세계는 WHO가 펜데믹을 선언할 정도로 코로나19의 공포가 장악을 했다. 코로나19의 직격탄을 맞은 프랑스도 봉쇄조치에 들어갔고 다중이용시설의 영업 금지를 발령했다. 그런데 오히려 파리 등 도시 중심가의 레스토랑이나 술집은 평소보다 더 많은 사람이 몰리는 현상이 벌어졌다. 당분간 바깥 활동을 즐기지 못한다는 아쉬움에 마지막 만찬을 하자는 속내였다. 언론에서 2m 이내에는 비말 전파가 가능하다는 사실이 수시로 보도되고 있지만 '설마 내 주변 사람이 양성이겠어?', '내가 전염되겠어?'라며 심각함을 느끼지 못했다. 위험을 인지하지 못한 안일함이 목숨까지 앗아가는 공포를 이겨낸 것을 보면 메타인지의 부족은 위기를 만들어 낼 수 있다는 것을 알 수 있다. 이것은 적신호 현상이다.

영화 〈더 셰프〉에서는 요리의 완벽을 지향하는 미슐랭 2스타 셰프의 완벽하지 못한 성품과 가치관을 보여 준다. 자신의 이름을 건 레스토랑을 오픈한 주인공 아담 존스는 완벽하지 않은 요리를 하는 셰프들에게 가차없이 소리치고 뜨거운 냄비를 던지는 등의 망신을 준다. 심지어 최고가 되려면 이 정도의 모욕은 감내해야 된다고 합리화시킨다. 여기에 적개심을 품은 한 셰프는 중요한 손님 자리에 일부러 맛이 이상한 요리를 만들어 내놓고서 주방을 떠나 버린다.

주방에서 추구해야 할 궁극적인 완벽함은 훌륭한 요리를 내놓는 것이다. 주방의 총 감독자는 셰프들이 훌륭한 요리를 할 수 있도록 심리적 안정과 안전이 최우선되는 환경을 만들어야 된다. 하지만 아담 존스는 자신이 정해 놓은 비상식적이고 비합리적인 가치판단에 갇혀 본인도 주변인도 불행하게 만들었다. 무엇이 중요한지 판단하지 못하고 바로 앞에 있는 위기를 인지하지 못하는 것 또한 심각한 적신호 현상이다.

EBS〈0.1%의 비밀〉에서 일반적인 성적의 학생들 A집단과 0.1% 성적의 학생들 B집단을 대상으로 실험을 했다[32 재인용]. 25개의 단어를 외우게 하고 기억하고 있는 단어의 개수와 실제로 맞힌 단어의 개수를 비교하는 것이었다. A와 B집단 중 예상 개수와 실제 개수의 편차가 좁은 집단은 어디였을까? 바로 B집단이었다. B집단은 1명을 제외한 나머지가 예측과 실제로 맞힌 개수가 정확히 일치했다. A집단은 모두 불일치했다. 성적이 좋은 학생들의 비결은 비단 IQ에만 있는 것이 아니다. 자신이 무엇을 정확하게 알고 있고 모르는지를 객관적으로 성찰할 줄 아는 것이다.

이것이 바로 메타인지이다. '인지에 대한 인지'라고 표현하는 메타인지는 높은 단계의 초인지라고도 한다. 미로의 구조를 알고 있는 상태에서 미로 속에 들어가면 이기는 게임이 될 수 있는 것처럼 내 삶에도 전지적 시점으로 나를 바라봐야 한다.

세상의 변화를 인지하지 못해도 위기가 되지만 현재 역할과 미래 역할의 변화를 등한시해도 위기가 된다. 눈앞에 닥친 위기에 허둥지둥하지 말고, 무엇이 필요하고 노력해야 성장할 수 있는지 보이지 않는 것을 사전에 성찰하는 자세, 즉 생산적 플레이가 필요하다.

생산적인 플레이로 내 삶을 인도하라

제 아무리 돈이 많아도 24시간이 넘는 하루를 살 수 없고, 체력을 돈 주고 살 수도 없다. 휴대폰을 충전하듯 시간과 체력을 채울 수 있다면 취미생활이나 투잡, 공부를 얼마든지 할 수 있다. 하지만 실상은 많은 시간을 직장에서 보내고 있고, 퇴근하고 나면 바닥나는 체력 때문에 여가시간에 다른 활동을 한다는 것은 여간 쉬운 일이 아니다. 시간과 타고난 체력이 많을수록 생산해 낼 수 있는 가치가 비례한다. 그렇기에 '살고 싶은 삶'은 시간과 체력 관리의 싸움이라고 할 수 있다.

평소 자신의 시간과 체력을 어떤 활동에 많이 사용하고 있는가? 그 활동의 가치를 3가지의 기준으로 나누어 볼 수 있다.

먼저 소비적 플레이는 게임이나 쇼핑, 영화, 여행, 지인과의 만남 등과 같은 취미활동이 있다. 때로는 과다한 역할과 책임에 치여 쌓이는 스트레스를 소비적 플레이로 잠시 잊을 수 있기도 하다. 하지만 이 활동은 유희를 주는 대신 그 효과가 짧게 끝나 지속적인 생산적 가치를 주지 않는다. 행복을 보장해 주기는 하지만 지나치면 문제가 된다.

소비적 플레이가 지나치면 낭비적 플레이가 된다. 쇼핑이 충동구매가 되고 게임에 중독되어 중요한 것에 소홀하게 된다. SNS를 지나치게 보는 것도 시간과 체력을 낭비하는 일이다. 퇴근 후 체력이 방전됐다고 말하지만 사실은 낭비적 플레이에 많은 시간을 쓰고 있다. 잘 쉬는 게 일을 잘하는 것이라는 말도 있는데 이 시간에 편안하게 휴식을 취하는 것도 도움이 된다.

생산적 플레이는 투자를 위해 시간, 체력, 재물을 사용하고 그 활동을 통해 새로운 가치(역량, 건강, 시간, 행복, 돈)가 지속적으로 생겨나는 것이다. 대게 생산적 플레이는 결핍된 것을 채우려고 하거나 현재 상태를 더 가치 있게 만들고 싶은 목적이 있을 때 시작하게 된다. 독서로 인해 통찰력 있는 시각을 갖는다거나, 운동으로 건강을, 커리어를 쌓기 위해 관련 자격증이나 학업을 잇는 활동을 할 수 있다.

그런데 이런 생산적인 플레이를 왜 회피하게 될까.

첫 번째는 당장의 생계에 영향을 미치지 않기 때문이다. 사회인에게 당장 급한 것은 지성이나 지혜를 겸비하기보다 내일까지 보고해야 하는 기획서나 매월 빠져나가는 카드 값이다. 생산적 플레이는 하루 아침에 달성되지 않을뿐더러 완결이라는 마무리를 지을 수도 없다. 나중의 일은 나중에 걱정하자는 생각이 성장을 멈추게 한다.

두 번째는 눈에 보이지 않기 때문이다. 주식을 할 때 2배 이상의 이익률이 100% 보장된다고 하면 투자를 망설일 이유가 없다. 하지만 100% 보장이 아니거나 리스크가 따른다면 얼마를 잃을지 예측할 수 없기에 주저하게 된다. 생산적 플레이도 마찬가지이다. 이 활동으로 인해 나에게 어떤 변화가 일어날지 또 어떤 전략으로 활동해야 더 효과적인지 미리 예측하기 어렵다. 이런 불명확한 활동에 내 시간과 체력을 소비하는 것이 맞는지 확신이 서지 않을 수 있다.

'살고 싶은 삶'에 대한 이미지는 자신의 머릿속에만 존재하거나 성공한 사람의 삶을 부러워하게 되는 갈망에 불과하다. 진짜 내 것이 아니기에 실체가 없다. 생산적 플레이는 '살고 싶은 삶'의 실체를 만들어 가기 위한 여정이다. 눈에 보이지 않는 것을 수면 위로 끌어올리기 위한 고민을 해야 하고 그것을 실행하는 데 따르는 고통을 감내해야만 '살고 싶은 삶'의 방향으로 나를 인도할 수 있다.

실행 과정에 대한
객관적 성찰

03

**실행 과정은
과연 최선이었을까**

1951년 1월 유엔사절단이 방문할 계획이 있었다. 미8군은 당시 정주영 회장에게 유엔군 묘지에 파란 잔디를 덮어 단장해 달라는 요청을 했다. 엄동설한에 파란 잔디를 구할 수 없기도 하고 참배날짜까지는 5일밖에 남지 않았다. 정주영 회장은 방법을 찾기 위해 고민했다. 먼저 확인할 것이 있어 다시 물었다. "파란색이기만 하면 됩니까?" 미8군에게서 그렇다는 답이 돌아왔다. 그러자 바로 트럭 30대를 불러 겨울에 싹이 돋는 보리를 사들여 묘지에 파란 생명력을 불어넣었다. 이를 본 미군은 "원더풀!"이라는 찬사를 했고 이후로 미8군 공사를 현대건설에서 도맡게 되었다.

불가능을 극복하려는 과정을 보여 준 훌륭한 예이다. 미8군은 황량한 묘지가 싫었다. 유엔사절단에게 푸르게 단장된 묘지를 보여 주고 싶었다. 잠깐 동안 보여줄 묘지라면 구태여 풀밭이 아니어도 된다는 합리적 의심 에미8군에게 파란색이면 된다는 확답을 얻었다. 그랬더니 수월하게 해결할 수 있는 대안이 나온 것이다.

메타인지의 구성요소인 메타조정은 과제를 수행할 때 신중한 판단을 통해 목표와 전략 계획을 세우고 실행과 동시에 전 과정을 모니터링하여 얻은 피드백을 바탕으로 향후의 과정을 통제하거나 조절하는 것을 말한다. 다시 말해 자신이 무엇을 원하는지를 메타인지 했다면 다음 단계는 메타조정을 통해 일이 되게끔 만들어야 한다. 열심히 해도 통하지 않는 일이라면 다르게 해 보는 것이 비결이 될 수 있다.

다음 제시되는 단계들은 목표와 계획을 세우고 실행과 평가하는 과정을 점검할 때 꼭 체크해야 하는 사항이다. 하나라도 미흡한 부분이 있다면 당연히 결과는 불만족스러울 것이므로 각 단계의 점검 포인트를 챙겨야 한다.

상황을 분석하는 단계

나는 평소에 생산적 플레이를 얼마나 하고 있을까? 나에게 필요한 생산적 플레이는 무엇이 있을까? 라는 답을 얻기 위한 고민에서부터 여정은 시작된다.

먼저 내 여가시간에 생산적 플레이가 부족하지 않은지 체크해 보자. 일주일 동안 시간과 체력을 많이 사용하고 있는 활동은 무엇이 있는가? 예를 들어 하루에 10~20분 정도의 개인적인 통화나 문자를 자주 하는 편이라면 일주일 동안의 총 시간으로 합한다. 활동을 모두 적었다면 그 활동이 소비적, 낭비적, 생산적 플레이인지를 확인하기 위해 아래의 표 A, B, C, D 칸에 대입해 본다.

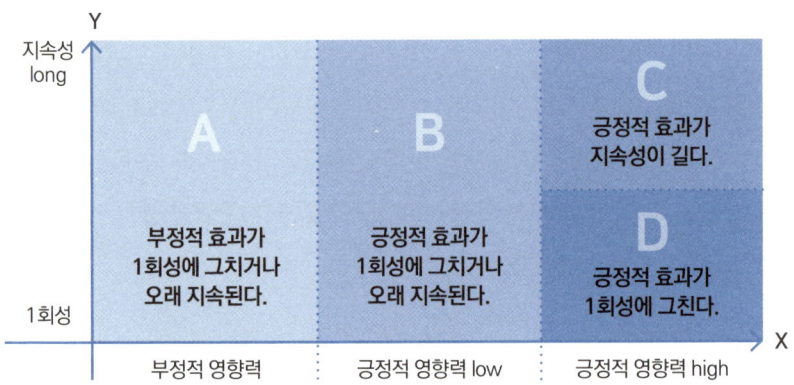

※ 생산적 플레이 매트릭스

표에서 X축은 '그 활동이 생산하는 가치가 행복과 성장에 긍정적/부정적 영향을 미치는가? 또 얼마나 큰 영향을 미치는가?'를 나타내며, Y축은 '그 영향력의 지속성'을 나타낸다.

게임은 그 당시에는 즐거움을 주지만 지속성은 없기 때문에 D칸에 해당된다. 지나친 음주는 피로가 쌓이게 되고 업무에 지장을 주므로 A칸에 속한다. SNS를 장시간 동안 습관적으로 보는 것은 B칸에 속한다. 만약 나의 시간과 체력을 사용하는 활동이 A, B칸에 모여 있다면 낭비적 플레이를 주로 하고 있다는 뜻이다. C칸에 해당되지 않고

D칸에 속해 있다면 많은 시간이 소비적 플레이에 쏟고 있는 것이니 생산적인 플레이를 장려해야 한다.

만약 C칸에 속하는 활동이 있는데 평소 만족스럽지 못하다면 그 문제를 분석해야 한다. 이론적으로 활동 자체는 긍정적 영향이 지속적으로 미치는 것으로 판단되지만, 활동의 효과가 만족할 정도로 나타나지 않을 수도 있다. 그렇다면 해당 활동이 '행복과 성장의 욕구를 모두 충족시키는가? 활동에 투자하는 시간은 적당한가? 옳은 판단으로 선택한 활동인가? 수행과정에 문제는 없는가?'를 확인해 본다.

다음은 나에게 필요한 생산적 플레이가 무엇인지 찾아본다. 사람은 누구나 의식적이든 무의식적이든 자신의 가치관에 따라 의사결정을 하고 시간과 재력을 쏟는다. 육식보다 채식을 선호한다면 채식 위주의 식단으로 장을 보고 식사를 하며 음식점을 찾는다. 사람과 어울리기를 좋아하는 사람은 길을 걷다 음식점을 볼 때 모임 장소로 적합한지를 먼저 생각하게 된다. 또는 결핍된 가치를 만들어 내려고도 한다. 평소 비즈니스에 필요한 인맥이 부족하다고 느꼈다면 그 인맥과 친분을 쌓을 수 있는 오피스 지역 내 음식점으로 눈길을 둘 수 있다. 자신이 어디에 가치를 두고 있는지 분석하기 위한 질문을 해 보자.

현재 여가생활에서 행복하기 위해 반드시 필요한 것은?
그 행복은 미래에도 아무 문제없이 지속될 수 있는가?
그것을 채우기 위해 필요한 것이 무엇인가?
현재 직장에서 결핍을 느끼고 있는 것이 있는가?

결핍으로 인한 스트레스나 피해는 회피할 수 없는 것인가?
직장에서 부러운 대상이 있는가? 그 사람은 어떤 능력을 가지고 있는가?

고민을 통해 활동 목록이 정해졌다면 마지막 질문을 해 보자. '왜 해야 되는 활동인가?', '그 활동에 사용되는 시간, 체력으로 인해 포기해야 할 것은 무엇인가?' 만약 이 질문에도 활동을 하는 것이 옳다는 무게를 두게 된다면 실행하기 위한 진짜 목표를 설정하도록 한다.

진짜 목표를 설정하는 단계

목표는 간단명료한 문장으로 서술할 수 있어야 한다. 목표로 하는 표적자료를 모으기 위해 레이더만을 모으는 레이더망처럼 행동을 직관적으로 끌어낼 수 있도록 명확해야 한다.

먼저 궁극적으로 이루고 싶은 목적이 무엇인지를 알아야 한다. 다이어트를 할 때 옷의 사이즈를 55나 66까지 줄이기 위한 다이어트인지, 혈당수치를 90까지 낮추기 위한 것인지에 따라 식단조절과 운동이 달라진다. '대인관계를 잘하기 위해 책을 읽겠다'라는 목표에도 목적이 빠져 있다. 마당발 같은 많은 인맥을 쌓기 위함인지, 알짜배기 인맥을 만들려는 것인지, 비즈니스를 위함인지, 친목도모를 위함인지의 목적에 따라서 계획이 달라진다.

그리고 목표는 직관적인 행동을 할 수 있을 정도로 구체적이어야 한다.

직장인 A는 재택근무로 전환되면서 집에 머무는 시간이 길어졌고 이 참에 직접 집 단장을 하려고 인테리어 박람회에 들렀다. 필요한 것만 빠르게 구입하려고 했지만 선택지가 너무나 많은 탓에 충동구매를 해버렸다. 막상 집에 와서 구매한 제품들을 펼쳐보니 디자인이 어울리지도 않았고 살 필요가 없던 것들도 있었다. A가 충동구매를 한 이유는 무엇일까? '필요한 것만 빠르게'는 목표가 아니라 방식이다. 어떤 스타일로 인테리어를 할 것인지, 그래서 무엇이 필요한지를 설정했어야 했지만 그런 목표 없이 빠른 쇼핑을 염두에 두다 보니 결과가 만족스럽지 않은 것이다. 만약 생각해 놓은 인테리어 스타일이 없었다면 박람회에서 오랜 시간을 두고 신중하게 고민하고 쇼핑을 했어야 했다.

진짜 목표가 명확하게 설정됐다면 목표가 실행될 수 있도록 박차를 가할 수 있는 목표의식을 머릿속에 주입해야 한다. 망상 활성계(Reticular Activating System, RAS)는 입력된 감각 정보들 중 중요하다고 판단되는 정보를 뇌로 보내는 여과의 역할을 한다. 평소 익숙한 것이나 우선적으로 필요한 것을 찾도록 만드는 것이다. 예를 들면, 집 앞 골목길에 1년 365일 걸려 있던 다이어트 현수막을 보지 못하다가 다이어트를 하려고 결심한 순간 현수막의 작은 글자까지 보이게 되는 현상이 그것이다.

이 망상 활성계를 이용할 수 있는 방법은 무엇일까? 목표를 생각하고 있지 않는 무의식 상태에서도 관련 정보를 알아서 찾도록, 목표에 방해되는 습관을 할 때도 그만두도록 스스로 통제하게 하는 것이다. 그러기 위해서는 목표를 달성하는 것이 무엇보다 중요한 것임을 망상 활성계가 느끼게 만들어야 한다.

망상 활성계가 목표 달성의 중요성을 인식하게 하려면 목표의 Effect를 상상하라. 성취한 목표가 나에게 주는 생산적 가치가 어떤 모습인지를 상상하는 것이다. 고단한 과정을 극복한 스스로가 대견하고, 성장했을 때 주변의 어떤 인정을 받을지, 삶의 질이 올라간 내 일상에 자아도취 해 본다. 비록 그 여정이 순탄치 않더라도 반드시 생산해야 할 가치라는 것을 망상 활성계가 느끼게 만들어야 한다.

이것이 목표의식이다. 목표와 목표의식은 서로를 끌어올린다. 목표의식은 잠재의식의 동요를 일으켜 목표를 수행하기 어려운 상황에서도 더욱 목표를 이루려고 집중하게 만든다. 목표가 달성될수록 향상되는 자신감은 목표의식을 더욱 고양시킨다. 화살을 과녁에 명중시키겠다는 명확한 목표와 목표의식을 통해 생산적 플레이를 달성하는 자신에게 한 걸음 더 다가가도록 하자.

진짜 계획을 수립하는 단계

트리니티 칼리지 심리학 교수인 이안 로버트슨의 저서 〈승자의 뇌〉에는 성공한 사람은 또 다른 도전에 자신감을 갖게 된다고 설명한다[33]. 성공에 대한 성취감은 테스토스테론을 더 많이 분비시키고 이것은 다음 도전 또한 지배할 수 있다고 믿게 만든다는 것이다. 승리해 본 사람이 또 다른 승리에 자신 있게 도전하고, 성공해 본 사람이 다음 단계도 성공시킬 가능성이 높다는 것을 승자 효과(Winner Effect)라고 한다. 작은 성취감이라도 느껴 본 적이 있는 사람은 그 자신감으로 인해 또 다른, 혹은 더 높은 단계에도 도전하려는 의욕이 생기게 된다.

승자효과를 발휘하기 위해선 Micro Step의 계획을 세워야 한다. Micro Step은 목표에 대한 세부적인 계획이 아닌, 계획에 대한 세부적인 계획에 해당된다. 책 1권을 다 읽고서 요약과 통찰을 정리하려면 버거워진다. 하지만 1개씩의 챕터를 읽을 때마다 요약, 통찰을 하는 것은 부담이 적다. '파워포인트의 리본 메뉴를 100%로 활용하겠다'는 Micro Step이 아니다. 리본 메뉴를 활용하려면 메뉴별로 어떤 기능이 있는지를 찾아보고 마스터 하기 위한 일정과 데드라인을 세워야 한다. 이것은 목표를 달성하기 위한 계획의 단계이지, Micro Step에서 해야 할 작업이 아니다. '이번 주는 텍스트 그라데이션 채우기와 비디오 트리밍을 마스터하겠다'처럼 지금 즉시 그 내용을 실천할 수 있을 정도로 계획을 세우고 실행하는 것이 Micro Step이다. 이를 통해 무엇이 잘되었고 아닌지를 빠르고 명확하게 피드백할 수 있다.

계획을 세울 때 To don't list까지 수립하자. 평소에 생산적 플레이를 하지 않았다면 익숙하지 않은 것을 해낼 수 있도록 생활 패턴을 관리해야 된다. 생산적 플레이는 낭비적/소비적 플레이를 덜 하도록 만들고 깊이 있게 고민하고 몸을 움직여야 하기에 에너지를 고갈시킨다. 이런 생산적 플레이를 차질 없이 할 수 있는 생활 패턴을 만들지 않으면 피로와 스트레스가 쌓여 업무에 집중하지 못하거나 주변 사람에게 예민해지기도 한다.

영국에서 무일푼으로 시작해 500채 이상의 부동산을 소유하게 된 백만장자 롭 무어는 하지 말아야 할 것을 하지 않을수록 돈과 성과에 비례한다고 얘기했다[34]. 낭비되는 시간과 체력을 줄이는 것만으로 생산적 플레이의 능률을 향상시킬 수 있다는 것이다.

목표 달성의 To don't list는 무엇인가? 생산적 플레이를 못 하게 하는, 휴식을 취하는 데 방해하는 낭비적 플레이는 무엇이 있는가? 무의식처럼 시간을 낭비했던 습관이 있다면 실행 단계로 들어가기 전에 목록을 만들어 자신의 망상 활성계가 인식하게끔 설정하도록 하자.

진짜 실행을 하는 단계

개울가 바위 위에 개구리 다섯 마리가 머리를 맞대어 골똘히 회의를 하고 있다. '맞은편 바위까지 안전하고 멋진 자세로 점프하기'가 요즘 그들의 고민거리였다. "자, 그동안 수없이 연구를 해 왔으니 이제는 실행에 옮길 때가 되었어. 내가 셋을 쉬면 다 같이 점프하자고. 알았지? 하나, 둘, 셋!!"

과연 몇 마리가 뛰었을까? 계획한 대로 실행을 하지 않으면 지금까지의 고민은 아무 쓸모가 없다. 실행이 없으면 피드백도 없기 때문에 그 고민이 맞는지 틀렸는지 확인할 방도가 없다.

이런 실행을 할 때도 주의해야 할 것이 있다. 바로 1만 시간의 법칙이다.

투자의 수익률을 얘기할 때 사용하는 72의 법칙은 복리를 기반으로 한다. 투자를 갓 시작할 즈음엔 수익이 천천히 오르지만, 시간이 지날수록 기하급수적으로 불어나는 효과를 말한다. 이 계산법은 인류가 발명한 가장 위대한 것이라고 표현하기도 한다.

이 법칙은 생산적 플레이와도 닮아 있다. 목표를 설정했다는 것은 그 시점부터 나의 레이더망 작동이 시작했고, 실행과 피드백을 통해 목표 달성에 실질적인 데이터가 누적되기 시작한다. 관련 데이터가 많을수록 정확한 통계 수치를 산출하는 것처럼 경험치가 많을수록 그 효과를 드러낸다. 전문성을 확보하기 위해서 많은 시간 동안 실행을 해 봐야 한다.

MS오피스의 버전이 높아져서 문서 작업하는 시간이 단축되었다고 해도 그 기능이 익숙해질 때까지 사용하지 않으면 내가 문서 작업하는 시간은 줄어들지 않는다. 핵심부터 말하는 스피치 능력을 키우려고 공부한 것을 그 효과가 나타날 때까지 연습하지 않으면 이 목표는 수포로 돌아간다. 생산적 플레이는 오랜 시간을 두고 꾸준히 노력해야 한다.

물론 꾸준함에는 거쳐야 할 과정이 있다. 현재 하고 있는 방법이 옳은지 틀렸는지, 목표나 계획을 수정해야 하는지를 평가하고 피드백해야 한다. 비판적 사고 없이 활동을 실행하기만 하는 것은 '역시 안 되는 거였어'라는 비난적인 결론을 마주하게 된다.

평가 과정에 대한
객관적 성찰

04

**실패마저 의미 있게 만드는
평가와 피드백**

실행 과정을 점검하는 단계에서 가장 회피하고 싶은 순간이 바로 평가와 피드백이다. 명확하게 드러나지 않은 내 과오를 복기하는 과정이 지루할뿐더러 치부를 들춰내는 일은 달갑지 않기 때문이다. 그러나 같은 실수를 의미 없이 반복하는 것이야말로 어리석은 일이 아니겠는가. 지난 과정을 복기하면서 나의 묘수나 승부수는 무엇이었는지, 버리거나 고쳐야 할 악수는 무엇인지를 교훈으로 남겨야만 다음 과정을 위기가 아닌 기회로 받아들일 수 있다. 레노버 창업자 류촨즈 회장은 '학습능력이란 책을 통한 학습만이 아니라 꾸준한 복기를 통해 자신을 성장시키는 것까지 포함한다'라고 말했다.

즉시 평가하고 질문하라

평가는 그 즉시 실행해야 한다. 에빙하우스 망각곡선에 따르면 사람은 학습한 내용의 70%를 하루가 지나면 잊어버리게 된다고 한다. 스포츠 경기에서 비디오를 판독하는 것처럼 생생한 기억에서 평가를 해야 한다. 만약 파블로프의 개에게 종을 치고 한참이 지난 후에 간식을 준다면, 반려동물이 아끼는 옷을 물어뜯고 난 다음 날 야단을 친다면 원하는 바를 이룰 수 있을까? 시간이 흐른 뒤 평가를 하려면 흐릿해진 기억을 더듬어 실제가 아닌 추측을 통해 원인을 찾아야 하기 때문에 평가의 의미가 없어진다.

평가를 즉시 해야 되는 또 다른 이유가 있다. 평가가 지연되면 그 사이 예상하지 못한 여러 가지 상황이 생기고 그것은 실행을 방해하는 데 영향을 미칠 수 있나. 그렇게 되면 계획을 실행하지 못한 인과관계를 명확하게 구분하기 어려워져 피드백이 불가능해진다.

'엑셀 서식을 사용할 줄 몰라 월말마다 결산에 오류가 생겨 비용 집행에 차질이 생겼다. 이번 달 결산하는 날짜에는 갑자기 회식이 생겨 일찍 퇴근하는 바람에 결산이 틀렸는지도 모르고 보고를 하여 시말서를 쓰게 됐다' 여기에는 '매번 결산이 틀렸음에도 서식을 공부하지 않았다', '비용 집행하기 전 결산이 맞는지 확인하지 않았다', '회식이 생겨 일찍 퇴근했다'라는 여러 요인이 오랜 시간 동안 일어났다. 이때 예상되는 문제점은 시말서를 쓰게 된 경위를 평가할 때 자신의 노력 부족이 아닌 외부 환경에서 찾으려고 하는 것이다. 문제점을 명확하게 찾을 수 없는 평가는 의미가 없다. 그 즉시 평가를 해야 원인을 규명할 수 있다.

평가의 핵심은 질문이다. 목표와 결과의 간극을 메우기 위해 그 현상과 결과값에 대한 비판적인 시각으로 질문을 해야 한다. 목표나 계획에서 수행해야 할 행동과 도출해야 할 결과물과 그 수치, 데드라인이 명확하게 정의되어 있다면 결과와의 비교평가가 수월해진다.

먼저 결과가 기대 이상이라면 '계획대로 실행이 잘되었는가? 예측하지 못한 돌발상황에도 실행은 변함없었는가? 원활한 실행에 도움을 줬던 환경이나 운은 어떤 것이 있었는가?'를 물어본다.

만약 기대 이하의 결과라면 '부족한 요인은 무엇이며 카테고리를 나누자면 어떻게 분류되는가? 현재 나의 능력으로 통제할 수 없었던 요인은 무엇인가? 통제력이 부족했던 것은 무엇인가?'로 자문한다.

원인을 찾아 피드백하고
목표를 재설정하라

원인을 도출할 때 상관관계와 인과관계를 구분해야 한다. '생각지 못한 회식으로 업무시간이 짧아졌고 급하게 엑셀 표를 작업하느라 이번 주 결산도 틀렸다는 것을 확인하지 못했다'에서 회식이 결산을 꼼꼼히 확인할 여유를 주지는 못했지만 결산이 틀리거나 시말서를 쓴 원인으로 회식을 지목할 수 없다. 회식은 상관관계이지, 원인을 준 인과관계가 아니다. 실패의 요인이 상관관계와 관련이 있다고 해서 원인으로 귀결시키면 안 된다. 이것은 자신의 과오를 방어하고자 하는 합리화가 될 수 있다. 그렇게 잘못 분석된 원인으로 엉뚱한 피드백이 도출되고, 그 피드백으로 인해 목표 달성을 방해하는 솔루션을 수행하게 된다.

상관관계를 찾아내는 것이 쓸모없는 일은 아니다. 수행 과정에는 예상하지 못했던 돌발 상황이 생기기 마련이다. 그리고 자신이 그 돌발 상황에 영향을 받는다는 것은 평가를 통해 증명된다. 나를 스스로 통제하지 못하는 상황들을 기록하고, 수행과정을 점검해 볼 필요가 있다.

원인에 대한 피드백은 명확해야 한다. '자주 지각한다'가 아니라 이 달에 '몇 회, 몇 분 늦었다'로 피드백한다. 스피치 능력을 키우려고 내가 연설하는 모습을 녹화해서 볼 때 '말이 빠르다'가 아니라 '문장과 문장 사이에 포즈가 없다'로 짚어 낸다. '사족이 길다'가 아니라 '내용의 핵심은 1분 정도 얘기한 반면, 핵심과 관련 없는 나의 사연을 10분 넘게 얘기했다'처럼 최대한 구체적이게 얘기한다.

피드백의 개수는 1~2가지가 적당하다. 승자효과에서 얘기한 것처럼 작은 것이라도 개선했을 때 얻게 되는 성취감은 또 다른 도전의식을 불러일으킨다고 했다. 한꺼번에 많은 것을 고치려고 마음만 앞서다 보면 오히려 목표에 회의적인 시각을 갖게 만드는 부정적 피드백이 될 수 있다. 1~2가지라도 고칠 수 있도록 시간과 사고를 집중하는 것이 좋다. 개선하지 않으면 목표 달성에 차질이 생기는 것을 위주로 범위를 좁힌다. 또는 가장 손쉽게 개선할 수 있는 것을 선택해도 좋다.

피드백은 수행 과정의 마무리 단계가 아니다. 잘했던 능력을 더 활용할 수 있도록, 취약했던 점을 보완할 수 있는 앞으로의 방향, 즉 목표나 계획을 재설정하는 것이 매우 중요하다. 목표는 목적을 이루기 위한 방안이다. 목표를 수정한다는 것은 목적을 위한 목표를 더 탄탄히 만들어 가는 과정이라고 생각하면 좋다.

내 인생의 방향키를
직접 돌리는 삶

05

암묵지가 될 때까지

대한민국 구성원 중에 라면 봉지의 뒷면에 있는 레시피를 보고 라면을 끓이는 사람이 얼마나 있을까. 물의 양은 어느 정도가 적당한지 언제 스프와 면을 넣고 언제까지 끓이면 면발이 쫄깃한지를 감각적으로 알고 있다. TV 리모컨이 손에 익은 사람은 음량을 높이거나 다른 채널로 돌릴 때 리모컨을 들여다보지 않아도 손가락이 버튼의 위치를 알아서 찾아낸다.

이것을 암묵지라고 한다. 사용 설명서를 더 이상 보지 않아도 몸이 먼저 반응할 정도로 단련이 된 상태를 말하는데 기능공과 같은 장인이 해당된다. 생산적 플레이를 할 때 목표가 무엇이든 간에 그 기술이 암묵지의 상태가 될 때까지 지속해야 한다. 의식하지 않아도 몸이 감각적으로 반응하는 암묵지의 상태가 되면 생산적 플레이로 인한 Effect는 당초 예상했던 목표의식의 이미지보다 더 다양하고 깊이 있게 가치를 느끼게 할 것이다.

자아실현을 꿈꾸다

주도적(主導的)을 한자 뜻 그대로 풀이하자면 '방향을 안내하는 주인'이다. 주도적 삶이란 내 인생이 어떤 식으로 전개가 되면 좋을지 스스로 결정하고, 그 길을 찾아 나서는 것이다. '먹고 살기 바쁜'이라는 커다란 걸림돌이 내 길을 막아서고 있지만, 그 현실을 직시하고서 자신에게 물어야 한다. 현재와 미래가 모두 행복하려면, 젊음이 지난 후에도 경쟁력을 무장하기 위해 어떤 성장을 해야 하는지 말이다.

스티브 잡스가 스탠포드 대학 졸업식에서 연설했던 〈Connecting the Dots〉라는 개념이 있다. 내 주변에 일어난 현상과 현상이 전혀 무관한 사건으로 보여질 수 있다. 그러나 현상들마다 통찰을 남기고 그 통찰들이 서로 연결되면 생산적인 가치가 생겨난다는 것이다. 그는 젊은 시절 캘리그라피 과목을 들으며 서체의 매력에 흠뻑 빠지게 되어 길목에 걸려 있는 포스터의 글씨체를 유심히 관찰했다. 10년 뒤 매킨토시를 세상에 내놓을 때 '아름다운 서체를 가진 최초의 컴퓨터'라고 자부하며 기능과 디자인을 겸비한 맥으로 파란을 일으켰다.

동떨어진 현상들에 의미가 부여되면 강점이 되고 전략이 된다. 〈Connecting the Dots〉이 계속 연결되다 보면 어느새 그 점은 우연히 낯선 곳에 찍히는 것이 아닌, 내가 '살고 싶은 삶'의 방향에 점이 찍히기도 하고 또는 그 점이 '살고 싶은 삶'의 방향으로 인도하기도 한다.

　사고를 하라. 그리고 경험을 하라. 그 경험을 통해 통찰을 하고 더 나아진 방향을 세워라. 스스로 생산적 시간을 설계하고 그 가치를 만들어 내는 자아실현이 되는 삶. 그 자아실현이 바로 행복과 성장의 동기가 될 것이다.

Chapter. 05

스스로 통제하는 셀프리더

———

누구나 하고 싶은 것, 원하는 것이 마음속에 있다. 그러나 그것을 이루는 사람과 이루지 못하는 사람이 있다. 원하는 것을 이루는 사람은 어떤 힘이 있을까? 빠르게 변화하는 세상에서 삶을 주도하는 셀프리더에게 필수 요소인 자기통제력을 높일 수 있는 방법을 소개한다.

셀프리더의 필수요건,
자기통제력

01

내 삶은 내가 정한다
원하는 것을 이루는 셀프리더

매년 12월 끝자락이면 A는 꼭 하는 일이 있다. 마음에 드는 다이어리를 사고, 발림성이 좋은 펜을 골라 다음 해에 이루고 싶은 목표를 맨 앞장에 적어 내려가는 것이다. 내년에는 올해보다 더 나은 내가 되길 바라는 마음으로 변화된 나의 모습을 기대하며, 온 정성을 다해 써 내려간다. 올 12월도 다이어리 맨 앞 장에 목표를 적는 순간, A는 한숨이 나왔다.

1. 다이어트 2. 영어공부 3. 다이어리 끝까지 잘 쓰기….

다이어리는 매년 바뀌는데 해마다 똑같은 목표를 첫 장에 적어 내려가는 모습이 한심해서 자신도 모르게 한숨이 나온 것이다. 이런 일은 비단 A에게

만 있는 것이 아니다. 한 번씩 경험해 본 흔한 일일 것이다. 대부분의 아버지들은 금연에 실패한 경험, 여자들은 다이어트에 실패한 경험 등 아주 흔하게 일어나는 일이다. 옛말에 '작심삼일'이라는 말도 있듯이, 선조들도 계획한 목표를 달성하지 못하고 3일 만에 원상태로 돌아가는 일이 많았던 것이다. 그러나 주변을 살펴보면 본인이 원하는 것을 이룬 사람들을 종종 볼 수 있다.

미국의 유명한 배우인 〈터미네이터〉의 주인공 아놀드 슈왈제네거는 보디빌딩 챔피언, 부자, 액션 배우, 정치인 이 네 가지가 인생의 목표였다. 그는 10년 만에 보디빌딩 챔피언이 되고, 보디빌딩 관련 비디오테이프를 제작하여 백만장자가 되었다. 멋진 몸으로 영화에도 출연했다. 마지막으로 존 F. 케네디 대통령의 조카와 결혼하여 정치인으로 변신했다. 인생 목표를 다 이룬 셈이다. 자신이 정한 목표를 이룬 사람들은 바로 옆에서도 찾아볼 수 있고, 자신에게도 성공사례가 분명히 있다. 목표를 이루었을 때 우리는 무엇을 어떻게 했을까? 원하는 것을 이루는 사람과 이루지 못하는 사람은 어떤 차이가 있을까?

원하는 것을 이루는 사람은 나랑 무엇이 다를까

무엇이 A의 계획을 이루지 못하게 방해한 걸까? A의 이야기를 조금 더 자세하게 들어 보면 해답이 나올 것이다. 첫째, 목표를 구체적으로 설정하지 않았다. 막연히 다이어트, 영어공부, 다이어리 작성이라고 설정했다. 그렇지만 몇 킬로그램을 뺄 것인지, 운동은 어느 정도 할 것인지, 식단은 어떻게 조절할 것인지, 회식에서는 어떻게 할지에 대한 구체적인 계획이 없었다. 영어공부도 마찬가지이다.

원어민처럼 회화가 가능할 정도로 공부한다거나 문법을 완벽하게 공부하겠다 등의 목표도 설정하지 않았던 것이다. A는 목표를 설정한 것이 아니라 막연하게 하고 싶은 이야기를 한 것이나 다름없다.

둘째, 주변상황을 고려하지 않았다. 친구가 많고, 친구들과 인스타 핫 플레이스를 찾아다니는 것이 취미인 A에게는 다이어트를 할 수 없는 여건이었다.

셋째, 얼마나 간절한가이다. 영어로 대화가 가능해야만 직장에 다닐 수 있었다면 왜 매년 같은 실수를 반복했을까? A에게는 당장 급하지 않은 것들을 목표로 잡았기 때문에 언제든지 해도 되겠지 하는 마음으로 미루었던 것이다.

그렇다면 아놀드 슈왈제네거처럼 목표를 이룬 사람들은 위와 같은 어려운 일이 없었을까? 똑같이, 또는 더 크게 있었을 것이다. 그럼에도 불구하고 그들은 하기 싫은 것을 이겨내고, 실행에 옮기고, 하고 싶어도 하지 말아야 할 것을 참아 내는 강인한 무기가 있었을 것이다. A뿐만 아니라 대부분의 사람들은 이루고자 하는 목표 앞에서 왜 이렇게 흔들리는 것일까? 봄바람처럼 살랑거리는 바람에도 흔들리는 우리는 언제까지 같은 목표를 그려야만 할까? 이제 더는 미룰 시간이 없다. 우리 모두 마음속에 있는, 이루려는 것들을 이루기 위해 무언가를 해 봐야 할 때이다.

셀프리더의 자기통제력

목표를 이룬 사람들도 때로는 지치고 힘들었을 것이다. 그럼에도 목표를 이룬 사람에게는 특별한 무언가가 있을 것이다. 원하는 것을 이룬 성공의 많은 요인이 있겠지만 스스로 원하는 방향으로 갈 수 있도록 나를 통제하는 힘, 전문가들은 그것을 '자기통제력'이라고 이야기한다. 쉐퍼(Shaffer)는 자기통제력이란 '보다 크고 장기적인 목표달성을 이루기 위해 순간의 충동적인 욕구나 행동을 자제하며, 즐거움과 만족을 지연시키는 능력'을 뜻한다고 한다[35]. 다시 말해 자신이 이루려는 목표를 위해 충동적인 욕구를 자제하고, 목표를 달성해 나가는 과정을 즐길 수 있게 도와주는 힘이다.

A에게도 자기통제력이 있었다면 매번 같은 실수는 반복하지 않았을 것이다. 지금이라도 자기통제력을 발휘해 목표를 달성한다면 내년 다이어리에는 다른 목표, 또는 한 단계 나아가 더 높은 목표를 적어 내려갈 것이다. 그럼 A는 자기통제력이 없는 사람일까? 자기통제력이 부족하다면 능력을 키울 수 있을까?

자기통제력 발달은 아동기에 이루어진다고 한다. 그러나 다행인 것은 자기통제력은 근육처럼 꾸준히 훈련한다면 높일 수 있다[36]. 자기통제력이 낮은 사람은 즉각적인 욕구충족을 추구하는 경향이 있고 복잡한 일을 싫어한다. 또한 흥분과 스릴을 선호하고 자기 중심적이어서 다른 사람의 고통에 무감각하다. 마지막으로 좌절을 참아 내는 인내력이 부족하다. 반면에 자기통제력이 높은 사람은 자기표현에 있어서도 절제력이 있고, 정신건강에도 긍정적인 영향을 미친다. 또한 가장 중요한 목표 갈등을 해결하는 과정에서 긍정적인 영향을 준다[37]. 빠르게 변화하는 시대에 민감하게 반응해야 하는 셀프리더에게 자기통제력은 없어서는 안 될 필수요건이다.

자기통제력을
높이기 위한 방법 1

02

자기통제력도 첫 단추부터

"아, 나도 영어공부 해야 하는데…."
"요리하는 과정을 블로그에 올려야 하는데…."
"나도 이번 여름엔 다이어트 해야 하는데…."

누군가의 성공담을 듣다가 문득 '아, 나도 해야 하는데…', '나도 하고 싶은데…'라고 생각해 본 적이 있을 것이다. 머릿속에서는 항상 이루고 싶었고, 이루고 싶은 크고 작은 각자의 목표였던 것이다. 그런데도 실천하지 않는 이유는 무엇일까? 이유는 간단하다. 언제부터 시작하겠다는 목표설정이 없었기 때문이다. 요리하는 과정을 블로그에 올리겠다는 목표보다는 '오늘 저녁상 차리는 것부터 촬영하여 내일 오전 중으로 업로드하겠다'라는 설정의 단계가 이루어졌다면 실천력 또한 달라졌을 것이다.

또 다른 이유는 일상에 목표와 관련된 생각이나 행동을 아예 하지 않았기 때문이다. 하고는 싶고 이루고는 싶지만, 지금 자신의 일상과 습관이 편한 것이다. 그냥 맛있게 저녁을 만들어 먹으면 편하다. 블로그에 업로드하기 위해 깔끔한 주방으로 청소해 놓고, 예쁜 그릇을 꺼내 요리를 하는 것보다 편한 일상이 좋은 것이다. 그렇기 때문에 주변에서도 도움보다는 방해를 하기 마련이다. 다이어트를 시작하겠다고 마음먹은 사람에게 맛집을 찾아가자고, 오늘은 스트레스를 받았으니 자극적인 음식을 먹자고 꼬시는 방해공작도 심심치 않게 행해진다. 그리고 나 또한 편한 일상이 좋아 스스로 쉽게 포기를 한다.

올바르지 못한 목표설정

미국의 유명한 경영 컨설턴트인 브라이언 트레이시는 〈잠들어 있는 성공 시스템을 깨워라〉라는 책에서 올바르지 못한 목표설정을 다음과 같이 소개하였다[38].

- 무리한 목표
- 연관성 없는 목표
- 비현실적인 데드라인
- 측정 불가능한 목표
- 남들의 목표

이루고 싶은 것이 있다면 나의 목표가 올바르게 설정되었는가를 확인하는 시간은 필수이다. 회사에 다니는 직장인이 하루 6시간씩 운동하겠다는 것은 처음부터 지킬 수 없는 목표가 아닌가? 나와는 아무 관련이 없는 분야에 무리한 목표를 설정하지 않았는가? 시간이 지날수록 관심이 없어지는 목표를 설정하지 않았는가? 운동을 전혀 하지 않았는데 3개월 내에 세계 보디빌더 대회에 나가 우승하겠다는 비현실적인 데드라인을 정하지 않았는가? 인스타그램에서 누가 화장품을 판매하여 집을 샀다는 소식을 듣고 자신도 그러고 싶은 욕심을 내지 않았는가? 나와는 전혀 상관없고 관심도 없었는데 단순히 다른 사람의 성공담을 듣고 부러워서 하고 싶어 했는가? 이런 실수가 되풀이되지 않도록 나의 목표가 아닌 것으로 욕심내지 않았는지 설정단계에서부터 목표달성에 가까워지도록 만들어야 한다.

통제력을 높일 수 있는
올바른 목표 설정

그렇다면 목표를 올바르게 설정하는 방법은 무엇일까? 설정 단계에서부터 나의 행동을 통제하고 마인드를 통제하여 자기통제력을 높일 수 있을까? 이루고자 하는 목표가 있다면, 또는 그동안 이루고 싶었는데 아직 이루지 못한 목표가 있다면 이번 기회에 목표를 다시 설정해 보자. 통제력을 높일 수 있는 올바른 목표설정은 다음과 같다.

- 나의 능력에 맞게 설정된 목표인가?
- 정말 이루고자(하고 싶은) 하는 목표인가?
- 목표를 달성하기에 충분한 시간인가?

B는 오래전부터 옷에 관심이 많았다. 평소에도 주변사람들에게서 옷을

잘 입는다는 소리를 듣는다. 일반 사무실에 앉아서 일만 하던 B는 큰 결심을 하였다. 직장을 그만두고 모아 둔 돈과 퇴직금으로 옷가게를 차리는 것이다. 알아보니 예산에 맞고 마음에 드는 가게가 마침 매물로 나와 계약을 했다. 3개월 뒤 B는 옷가게 사장이 된다. 그런데 큰 걱정이 생겼다. 혼자 옷을 사서 입을 때는 자신의 체형만 고려하면 되었다. 그러나 이제는 사진을 찍어 홈페이지에 올리는 작업도 해야 하고, 직접 가게를 방문한 손님들이 그녀가 입은 옷이나 스타일을 보며 구매를 결정할 텐데 앉아서 일만 하던 자신의 펑퍼짐한 몸매가 영 마음에 들지 않았다. 그녀는 가게를 오픈하기까지 3개월 동안 몸을 만들기로 다짐했다. 과연 올바른 목표설정일까?

통제력을 높일 수 있는 목표설정의 요건에 의하면 B는 그에 맞게 설정했다고 할 수 있다. 이루고자 하는 목표와 달성하기까지의 충분한 시간이 있다. 아래의 표는 B의 능력에 맞게 목표를 설정한 것이다. 이렇게 구체적으로 작성해 보는 시간은 목표달성의 첫 단추를 잘 꿰는 것과 같다.

나의 목표		몸무게 감량(근육량 3킬로 증량, 지방 5킬로 감량)	
기한		3개월(3개월 이후는 유지)	
방법	무엇을	식단	운동
	언제	매일, 단 일요일은 치팅데이	월, 화, 수, 목, 금 운동
	어디서	집에서 도시락	헬스장, 필라테스 학원, 산책로
	어떻게	아침 : 고구마나 닭가슴살 같은 다이어트 도시락 점심 : 일반식으로 1/2 저녁 : 단백질 셰이크 간식 : 방울토마토, 치즈 등	월, 수, 금 : 트레이너와 PT 화, 목 : 필라테스 4:1 수업 토, 일 : 간단한 산책 30분 이상

위의 표와 같이 계획을 수립하고 실천만 한다면 B가 원하는 근육량 3킬

로그램 증량, 지방 5킬로그램 감량은 이루어질 수 있을까? 다이어리에 목표만 적던 A보다는 B의 성공률이 훨씬 높을 거라는 것은 모두가 예상하는 바일 것이다.

방해하는
장애물 제거

초등학교 방학이 되기 전, 특히 저학년 때는 수업시간에 꼭 생활계획표를 작성한다. 동그라미를 그려 24시간을 나누어 밥 먹는 시간, TV 보는 시간, 공부하는 시간, 잠자는 시간도 작성한다. 심지어 옆 짝꿍보다 내가 공부하는 시간이 적은 것 같으면 수정해서라도 시간을 늘린다. 깨끗함을 강조하기 위해 양치하는 시간도 30분씩이나 설정해 둔다. 생활계획표를 작성할 때까지만 해노 초등학생들의 마음가짐은 꼭 이 계획표대로 방학 내내 모범적인 생활을 하겠다고 생각한다.

하지만 개학 후 친구들과 이야기를 나누어 보면 일주일은커녕 하루도 지키지 못하는 학생들이 대부분이다. 달콤한 잠을 이기지 못해 기상시간을 어겼던 친구, 공부하는 시간에 온통 좋아하는 게임을 했던 친구 등등. 그대로 지킨 친구는 한 명 있을까 말까이다. 자신이 하겠다고 다짐하고 계획했던 모든 것을 왜 지키지 않았을까? 아마도 집에는 너무 많은 유혹이 있어서일 것이다. 아침잠을 조금 더 자더라도 학교에 지각하지 않는 방학 기간이었고, 학교에 있을 때는 없었던 게임기가 눈앞에 있었을 것이다. 초등학생이 이겨 내기에는 너무 많은 유혹이 아닌가?

중독으로 쉽게
빠지는 방법

중독으로 빠지는 과정에서 자기통제력이 저하되는 요인을 찾기 위한 연구에서 주변의 장애물을 제거하지 않았을 때 중독으로 빠지는 시간이 더 빨라졌다는 연구 결과가 있다[39]. 그러므로 방해되는 장애물을 제거하는 것이 중요하다는 것이다. 금연을 결심한 사람들이 제일 먼저 하는 것은 현재 가지고 있는 담배를 주변사람에게 주거나 버리는 것이다. 또 흡연실을 지나가지 않기 위해 길을 돌아가거나 흡연실 앞에서는 숨을 참는 등의 노력도 한다. 더불어, 이루고 싶은 것을 가까이 두는 것도 유혹을 뿌리치기 위한 좋은 방법이다. 독서를 습관으로 길들이기 위해서 주변 곳곳에 책을 두기도 하고, 보지 않더라도 가지고 다니는 것이다.

앞서 작성했던 B의 계획표도 생활계획표와 같다. 목표를 완성하기에 마땅히 해야 할 일들을 작성해 둔 것이다. 그런데 3개월은 결코 짧지 않은 기간이다. 그동안 가족들의 외식, 친구들과의 만남, 몸이 아픈 날 등 예상치 못한 일들이 일어날 것이다. 그러면 계획표대로 다 이루어지지 않을 것이다. 자기통제력을 높이는 올바른 목표설정은, 예상치 못한 일을 최대한 예상하고 방해되는 요소를 미리 제거하는 것이다.

B의 목표설정과 예상되는 방해요소

나의 목표		몸무게 감량(근육량 3킬로 증량, 지방 5킬로 감량)	
기한		3개월(3개월 이후는 유지)	
방법	무엇을	식단	운동
	언제	매일, 단 일요일은 치팅데이	월, 화, 수, 목, 금 운동
	어디서	집에서 도시락	헬스장, 필라테스 학원, 산책로
	어떻게	아침 : 고구마나 닭가슴살 같은 다이어트 도시락 점심 : 일반식으로 1/2 저녁 : 단백질 셰이크 간식 : 방울토마토, 치즈 등	월, 수, 금 : 트레이너와 PT 화, 목 : 필라테스 4:1 수업 토, 일 : 간단한 산책 30분 이상
장애물		· 가족 외식 : 한 달에 한 번 · 친구 모임 : 카페로 대체, 도시락 가져가기, 치팅데이에 만나기 중 선택 · 집, 내 방의 인스턴트 간식 눈앞에서 없애기 · 배달 전단지 치우기 등	· 퇴근 후 약속은 일주일에 한 번만 · 카페는 산책로나 등산하는 곳 주변으로 다녀 자극받기 · 취침시간 외 침대에 눕지 않기

목표달성에 방해가 되는 요소를 생각해 두어도 그 과정에서 또 다른 장애물이 생길 수 있다. 방해요소를 최대한 예측하는 것도 중요하다. 목표를 이루는 과정에 장애물이 생길 때마다 어떻게 해결할 것인지 단계를 수정하는 것도 좋은 방법이다.

나의 첫 단추, 목표 설정과 재설정

나는 왜 이렇게 잘 흔들릴까? 나는 왜 이렇게 끈기가 없을까? 다른 사람은 다 하는데 나는 왜 하지 못할까? 때로는 해 보지도 않고 좌절이나 실망만 하는 때도 있다. 잘 생각해 보면 내가 잘 흔들리는 것은 내가 나를 끈기 없게 만들었을 것이다. 무엇인가를 하려면 생각하기 전에 우선 시작하라는 말이 있다. 오랫동안 생각만 하다 끝내는 것이 아니라 일단 무엇인가를 행동으로 옮기고 난 뒤, 구체적인 방법에 대해서 생각해 보는 것도 목표를 이루기에 좋은 방법일 것이다.

이루고자 했던 바를 달성한 좋은 사례도 있을 것이다. 매일 아침에 일어나 기지개 펴기를 꾸준히 하고, 밥 먹기 전에 물 한 잔 마셨던 아주 작은 성공사례도 생각해 보자. 이 목표를 달성하기 위해 어떻게 했을까도 함께 생각해 보자. 먼저 식탁에 앉기 전, 물 한 잔을 마시기 위해 물컵을 손에 들었을 것이다. 숟가락은 물을 마신 후 놓았을 수도 있다. 이런 성공사례에서 보듯이 자기통제력을 높이기 위해 올바른 목표를 설정했고, 장애물을 없애는 노력을 했을 것이다. 혹은, 가까운 지인들에게 물어보자. 무언가를 이루었을 때 어떻게 해서 그렇게 되었는지에 대한 이야기를 나누다 보면 답이 나올 것이다. 생각만 한다고 이루어지지 않는다는 것은 모두 알고 있다.

그동안 내가 이루지 못했던, 실패했던 목표와 여러 경험을 떠올려 보자. 그리고 이유도 함께 찾아보자. 이건 이래서 못 했고 저건 저래서 못 했다며 변명거리를 찾을 게 아니라, 실패를 딛고 어떻게 목표를 이룰 것인지 목표설정의 단계부터 제대로 해 보자. 작은 목표도 성공했다면 더 크고, 더욱 원하는 것을 분명히 이룰 수 있을 거라고 생각한다.

자기통제력을
높이기 위한 방법 2

03

나만의 자기통제 도구

EBS 〈퍼펙트 베이비〉에서는 옹알이 하는 9개월 아기들을 대상으로 실험을 했다. 아기가 옹알이할 때마다 엄마가 긍정적인 신체접촉을 하는 것이다[40]. 또 다른 아기한테는 옹알이와 상관없이 신체접촉을 했다. 결과는 어땠을까? 옹알이와 상관없이 신체접촉을 했던 아기는 신체접촉과 상관없이 옹알이의 횟수가 같았다. 반면, 옹알이할 때마다 엄마가 긍정적인 신체접촉을 했던 아기는 19회에서 많게는 71회까지 옹알이의 횟수가 많아졌다. "칭찬은 고래도 춤추게 한다."라는 말이 있다. 어떤 행동에 대해 긍정적인 반응을 보여 주면 그 행동의 지속성이 늘어난다는 것이다.

K는 다섯 번째 남자 친구를 사귀고 있다. 그녀는 이번 남자 친구와는 오래오래 사귀고 싶다. 그래서 남자 친구에게 자신을 잘 다룰 수 있는 노하

우를 알려주었다. "나는 연락 잘 해주고, 잘한다, 예쁘다, 최고다라는 칭찬을 해 주면 더 잘하려고 노력해. 그러니까 나를 정말 예뻐해 주면 더 잘할 거야." 그녀는 자신에 대해 잘 알고 있었다. 질타보다는 칭찬이 긍정적 행동을 반복하게 한다는 것을 알았다.

무언가를 하기로 마음먹고 어떻게 할 것인지 목표를 설계했다면 이제는 그것을 이루기 위한, 오래 지속할 수 있는 나만의 무기를 만들어야 할 때이다.

**나만의 자기통제 도구 :
셀프환경 조성**

H는 책을 읽을 때마다 블로그에 독서록을 작성한다. 읽은 책의 내용을 잊어버리기도 하고, 기억하고 싶은 문구를 여기저기 작성하다가 잃어버리는 경우나 다시 찾지 못하는 일이 발생되어 이러면 안 되겠다 싶어 시작하게 되었다. 처음 몇 권의 독서록을 작성할 때는 꼼꼼하게 생각을 옮긴다는 것이 조금은 힘들었다. 그러나 한 달에 두 권이라는 목표로 독서록을 작성하는 날을 지정하여 하루를 투자하였다. 처음에는 어려웠다. 하지만 시간이 지나고 독서록 분량이 많아질수록 작성하는 방법 또한 금방 익히게 되었다. 나중에는 독서록을 일정에 맞추어 작성하기 위해 한 달에 두 권의 책을 읽겠다는 자신과의 약속도 잘 지켰다.

의무교육을 받는 시절에는 외부적인 요인 때문에 통제가 가능했다. 선생님이 숙제를 주기 때문에, 수업시간에 선생님이 시켜서, 학원에 가기 때문에 등등 억지로라도 공부해야 했다. 이와 반대로 누가 시켜서가 아닌, 외부적인 요인이 없어도 스스로가 깨달아 통제할 수 있을까? 대부분 성인들의 목표달성을 보면 외적 통제보다는 내적 통제가 강했기 때문에 목표를 이룰 수 있었다. 목표가 있을 때는 그것을 이루기 위해 외적은 물론 내적으로도 설정하여 통제하는 것이 바람직하다. 그중에서 나 스스로를 통제할 수 있는 셀프환경 조성에 대한 세 가지를 알아보자.

나만의 자기통제 도구 :
셀프환경 조성 1. 목표일기 작성

앞에서 예로 든 H의 독서록 작성처럼 계획적으로 스케줄과 방법에 대해 기록하는 것이다. 이루고 싶은 목표를 향해 꾸준히 작성하면 자신이 성장해 가는 모습을 눈으로 볼 수 있는 좋은 도구가 되기도 한다. 〈스몰 빅〉이라는 책 이름은 작은 성공을 반복함으로써 큰 성공을 얻을 수 있다는 의미라고 한다. 이처럼 큰 목표를 작게 쪼개어 작은 성공담을 만들어 기록한다면 큰 목표를 위해서 노력하는 것이 힘든 일만은 아닐 것이다.

목표일기의 장점은 이렇다. 첫째, H처럼 독서록 작성 과정을 즐겨 자신도 모르게 큰 목표를 이룰 수도 있다. 목표일기 작성하는 것을 즐기고 작은 성공을 즐기다 보면, 내가 이루고자 하는 큰 목표를 이룰 수 있을 것이다. 둘째, 잘못된 것을 바로잡을 수 있다. 목표를 이루지 못했을 때, 혹은 계획보다 일정이 길어졌을 때 등의 과정에서 잘못된 점을 찾을 수 있다.

목표일기를 꾸준히 작성하면 기록이 남아 스스로에게 피드백을 주기도 한다.

목표일기 작성법은 간단하다. 큰 목표를 작은 목표로 구분하여 일정을 구체화하는 것이다. 최종기한에 따라 다르겠지만 적어도 일주일에 한 번씩 진행상태를 체크하는 것이 좋다. 내용에는 현재상태, 어려운 점, 잘한 점, 다음 주 이루어야 할 작은 목표, 느낀 점 등을 간단하게 적는다.

목표 : 한 달에 두 권 독서
기간 : 2020.01.01 ~ 2020.12.31 (1년간)
일기 : 2020.04.12 일요일 [책 이름 : 역사의 쓸모]

4월 첫 번째 독서록을 작성할 책을 완독하였다.

이번 책은 읽기가 편해 금방 읽혔지만 기억하고 싶은 내용이 많아 요약하는 일이 힘들 것 같다.

그리고 역사 인물이 나올 때마다 모든 인물에 대한 내용을 정리하려고 하니 양이 많아진다. 독서록을 작성하기 전 인물을 모두 정리할 것인지 주요 인물만 정리할 것인지에 대한 정리가 필요하겠다.

다음 주부터 2020년 벌써 7번째 책의 독서록을 작성해야 한다. 독서록의 목록이 쌓일 때마다 뿌듯하고 독서록을 작성하면서 완독했던 책의 내용이 머릿속에 더 오래 기억에 남는 것 같다.

나만의 자기통제 도구 :
셀프환경 조성 2. 목표달성 후 나의 모습 상상하기

만약 로또에 당첨된다면 무엇을 할까? 한 번씩은 생각해 본 적이 있을 것이다. 로또 1등이 된 모습은 상상만 해도 기분이 좋아진다. 쓸데없는 상상이라기보다는 언제 로또가 당첨될지 모른다는 희망, 그리고 상상만 해도 엔도르핀이 도는 기분을 느끼는 것만으로도 충분하다. 다이어트를 하는 사람이나 근육질 몸을 만드는 사람의 휴대폰 배경화면은 완벽한 몸매의 배우나 누군가의 사진이다. 핸드폰을 열어 볼 때마다 자극을 받아 나의 목표를 성공하겠다는 의지이기도 하다. 그리고 내가 만약 그 몸매라면 어떨까 하며 완벽한 몸매가 된 자신의 모습을 상상해 보기도 한다. 그런데 긍정적인 미래의 모습은 상상만 해도 도움이 될까?

육상선수 로저 베니스터는 1마일을 4분 내에 달리겠다는 목표가 있었다. 그러나 주변에서는 "절대 그렇게 할 수 없을 것이다. 심장이 터져 사망할 것이다."라며 부정했다. 하지만 그는 상상훈련을 통해 1마일을 4분 내에 가뿐하게 돌파하고, 관중의 열화와 같은 환호 속에서 기자들의 플래시 세례를 받았다. 이 일을 해내기 전에 그는 어떻게 이런 일을 이루어 냈는지 인터뷰하는 모습을 하루에도 수천 번씩 마음속에 그렸다. 그래서 도전에 성공하게 되었다. 심리학에서는 이미 상상훈련, 꿈 바라보기 기법은 고전적 기술이라고 한다. 또한 신체적으로나 심리적으로 긍정적인 효과가 나타난다고 증명한다. 그러면 상상을 잘하려면 어떻게 해야 할까?

첫째, 습관적으로 상상하자. 목표를 이루었을 때 나의 모습을 그려 보며, 자신의 성공담을 사람들에게 어떻게 설명할까 등 기분 좋은 상상을 자주 하는 것이 좋다. 상상은 상상으로 끝나는 것이 아니라 목표달성에 가까워질 수 있도록 실천하는 아주 좋은 자극제가 되기도 한다. 나에게 자극제가 되려면 긍정적인 상상을 통해서 하고 싶게 만들어야 한다.

둘째, 늘리고, 더하고, 빼고, 바꾸자. 목표를 이루었을 때의 나의 모습을 상상하는 것도 좋지만 어떻게, 얼마나, 어떤 노력을 했는가를 생각하는 것이다. 그 모습을 그리면서 혹시 잘못된 방향이 있다면 빼고, 부족한 부분은 더하고 늘리며 계획을 수정한다. 목표 일기를 작성하면서 생기는 피드백, 이미 행동을 한 이후에 생기는 피드백은, 상상하며 생기는 피드백을 더 좋은 방법으로 실천할 수 있게 만들어 주는 사전 피드백이다. 이왕 실천할 것이라면 큰 시행착오를 많이 경험하는 것보다 성공에 빨리 다가갈 수 있도록 만들어 주는 것이 중요하다.

셋째, 목표를 이룬 나의 모습을 상상하며 무언가로 남기자. 머릿속에서 허상으로만 끝나는 것이 아니라 기록이 중요하다. 상상한 것을 표현할 수 있는 목표 일기, 다이어리, 휴대폰 메모장이라도 좋다. 이렇듯 자주 대하는 곳에 상상한 것을 표현하는 글이나 그림, 또는 표 등으로 기록하자. 이룰 수 있는 상상이라면 현실화하는 것에 한 걸음 더 가까워졌을 것이다.

나만의 자기통제 도구 :
셀프환경 조성 3. 나에게 주는 보상 설정하기

고등학교 3학년 수능 공부를 하는 학생들에게 주변 사람들은 위로의 말을 건넨다. "대학교 가면 마음대로 할 수 있다.", "대학교 가면 야간 자율학습 시간도 없어진다.", "대학교 가면 살도 빠지고 이성 친구도 사귈 수 있다." 이런 말로 조금만 더 버티라는 위로를 한다. 그런데 재미있는 사실은 고등학교 3학년 학생들에게는 이런 말이 큰 힘이 되기도 한다는 거다. '나 대학교 가면 꼭 CC를 해 볼 거야', '나는 미팅을 많이 할 거야', '나는 밴드 동아리에서 취미로 배운 드럼을 마음껏 연주할 거야' 이렇게 장래의 보상이 그들을 버티게 하는 큰 힘이 된다.

어린 시절에는 시험성적이 잘 나오면 축구공을 사주거나 인형을 사주는 부모의 보상이 있지만, 성인들은 누가 보상을 해 주지 않는다. 그래서 월급을 받으면 자신에게 선물을 하는 등의 스스로 보상을 하는데 스스로에게 주는 보상도 큰 의미가 있다. 그러나 보상할 때는 여러 요인을 잘 살펴보아야 한다.

첫째, 이루어질 수 있는 보상을 설정해야 한다. '고시에 합격하면 김태희 같은 여자 친구를 만들겠다'라는 것은 희망사항이지 보상이 아니다. 스스로가 자신에게 줄 수 있는 보상을 현실적으로 설정해야 한다.

둘째, 목표에 맞는 보상이어야 한다. 체중 3킬로그램 감량 다이어트와 5급 공무원 시험 합격의 보상은 그 크기가 달라야 한다. 오랜 시간 공부해서 5급 공무원이 되었는데, 운동화 사는 것을 보상으로 설정하면 목표를 이루는 과정에서 의욕이 생기지 않을 수 있다. 그러니 목표의 크기에 따라 달리 설정해야 한다.

셋째, 시기에 맞게 보상을 설정해야 한다. 목표를 모두 이룬 후 그에 맞는 보상을 설정해 두는 것은 바람직하지만 기간에 따라 중간보상도 필요하다. 다이어트나 근육질의 몸을 만드는 것을 목표로 설정했다면, 목표달성 후 여름 휴가 때 해변을 위풍당당하게 걷거나 바디 프로필을 찍는 것을 최종 보상으로 설정하고, 중간에 치팅데이나 옷 구매 등의 동기부여를 지속시킬 수 있는 중간 보상도 있어야 한다. 영어회화 공부를 목표로 설정했다면 영어권 나라로 여행하는 등 자신에게 맞는 보상을 설정해 보자. 그러면 지금이라도 빨리 목표를 이루고 싶은 의욕이 생길 것이다.

나만의 자기통제 도구 :
외부환경 조성

S는 10년째 금연에 도전하고 있다. 지금까지 도전만 하고 있다면 벌써 수천 번도 넘게 실패했다는 말과 같다. 그 이유는 수없이 많다. 사 둔 담배를 버리기 아까워서, 친구들과 술 한잔 기울이다가 버릇처럼 피워서, 스트레스를 이기지 못하고 등등 핑계가 많을 것이다. 그는 실패할 때마다 자괴감이 들었다. 그래서 이번에는 기필코 금연에 성공하리라 다짐했다. 그가 처음으로 한 일은 주변사람들에게 금연을 도와 달라고 알리는 것이었다. 담배 피우는 것을 발견한 사람에게 2만 원씩 벌금을 내기로 한 것이다. SNS에 게시도 하고 사람들에게 알리고 나니 숨을 구멍이 없었다. 세 번 정도 돈을 내자 다음부터는 벌금을 내기 싫어 잠시

금연에 성공하게 되었다. 그러나 그는 아직도 담배를 못 끊고 있다.

　지각을 밥 먹듯이 하는 친구가 회사에서는 한 번도 하지 않는다. 상사의 눈치도 봐야 하고 근태와 관련된 인사평가 등 제약이 많기 때문이다. 공부를 하지 않는 아이들도 학원에 가면, 과외를 하면 일단 책상에 앉아 있는 시간은 혼자 공부할 때보다 늘어난다. 성인이 된 어른들도 스스로를 통제하는 것보다 남이 나를 통제할 때 효과가 더 크다고 말한다. 다른 사람이 나를 통제한다는 것이 부끄러운 일일까? 그렇게 해서라도 내가 이루고자 하는 것을 이루는 게 멋진 일일까? 자기통제력을 높일 수 있는 외부환경 조성 세 가지를 알아보자.

나만의 자기통제 도구 :
외부환경 조성 1. 주변인에게 도움 요청하기

　　　　　　　　　　　　중앙일보 헬스미디어에서는 금연을 결심했다면 주변에 소문을 먼저 내라고 권유한다[41]. 혼자 남모르게 금연한 사람은 대부분 조용히 다시 흡연하기 시작한다고 한다. 금연이 목표라면 본인에게 면죄부를 주지 않고, 지지할 서포터를 영입하는 차원에서 가족과 회사 동료에게 금연 시작을 선포하여 '입소문'을 내는 것을 추천한다. 내가 이루고자 하는 목표가 생겼다면 그 목표와 가까이 있는 사람뿐만 아니라 주변사람들에게 입소문을 내자. 목표를 이룰 때까지 감시자 역할, 서포터 역할로 도움을 요청하는 것이다. 주변에 알려도 통제가 잘되지 않을 것 같다고 생각하면 S처럼 벌칙이나 벌금을 만들어 두는 것도 좋은 방법이다. 지금 이루고자 하는 목표가 있다면 나를 도와줄 수 있는, 혹은 나를 통제할 수 있는 사람이 누가 있을까 생각해 보자. 내가 생각했던 명단에 없던 사람에게도 알리는 것이 좋다. 어떤 도움을 줄지 모르니 일단 주변사람들에게 요청하자. 지금 내 목표를 이루기 위해 도와줄 지인은 누가 있을지 생각해 보자.

나만의 자기통제 도구 :
외부환경 조성 2. SNS에 소문내기

인스타그램을 자주 하는 J는 다이어트 시작과 동시에 인스타그램에 게시물을 올렸다. 현재 몸매 상태와 인바디 결과를 게시물로 올리고 운동과 식이요법하는 것도 올리기로 한 것이다. 처음에는 기록용으로 올렸는데 보는 사람이 점점 많아지면서 책임감이 생겼다. 그리고 운동법이나 식이요법에 대해 피드백해 주는 사람이 있어서 좋은 방법으로 다이어트를 할 수 있게 되었다. J는 점점 욕심이 났다. 1년 뒤 이루지 못할 것 같던 다이어트에 성공하여 스스로에게 보상을 주려고 한 동남아 여행을 멋지게 할 수 있었다.

J처럼 주변사람에게 알리는 것과 동시에 SNS에 소문내면 아는 사람도 모르는 사람도 나의 목표를 알 수 있어서 책임감이 생긴다. 또한 나만 알고 있던 것에 대해 피드백을 받을 수 있어서 더 빨리, 더 좋은 방법이 생길 수도 있다. SNS에 알리는 것은 주변인에게 도움 요청하기와 비슷한 환경 조성일 수도 있다. 또한 SNS만 잘 활용한다면 목표일기도 작성할 수 있을 것이다. 셀프환경 조성에서 보상 설정하기로 한 것을 게시하면 효과가 있다. 글을 읽으면서 다시 다짐할 수 있는 계기가 되기도 하고 그에 따른 책임감도 생길 것이다.

나만의 자기통제 도구 :
외부환경 조성 3. 피하자, 피할 수 없으면 대체제를 정하자

중독으로 빠르게 빠져드는 사람들을 보면 거기에 빠질 수밖에 없는 환경이라고 한다[39 재인용]. 내가 정한 목표가 있다면 방해되는 장소나 장애물을 제거해 보자. 건강식으로 식사하기로 했는데 집에 인스턴트 음식이나 과자가 가득 있으면 무너지기 쉽다. 이럴 때 외부환경 조성 1번처럼 주변사람, 특히 가족들에게 알려 모두 치우는 것이다.

금연을 다짐했다면 주변에서 담배를 치우고, 담배를 피우는 공간을 피해 다니는 것이 좋다. 그럼에도 불구하고 담배를 너무 피우고 싶을 때는 어떻게 해야 할까? 대체제를 만드는 것이다. 담배가 너무 피우고 싶을 때, 담배 대신 군것질하는 사람이 많다. 껌이나 사탕을 담배 대신 먹고 입을 심심하지 않게 하는 것이다. 만약 다이어트를 하고 있는데 가족들이 치킨을 시켜 먹는다면 어떻게 해야 할까? 나가서 산책을 30분 하고 오거나 닭가슴살에 드레싱을 약간만 곁들여 먹는 것으로 대체하면 된다.

모든 사람이 생활계획표대로, 내가 생각한 대로 실천하지 않는다. 만약을 가정하고 하기 싫은 것이 생긴다면, 또는 하면 안 되는데 해야 한다면 그때는 어떻게 할 것인지 대체 방법을 정하자.

변화에 적응하는
셀프리더

04

통제력은 셀프리더의 필수요건

　　　　　　　　　　　　변화하는 시대에 빠르게 적응하고 원하는 내가 되기 위해서는 스스로 통제할 수 있어야 한다. 자기통제력은 셀프리더의 필수요건이다. 하고 싶은 것을, 해야 하는 것을 머릿속으로 생각만 한다면 내 삶을 주도적으로 이끄는 셀프리더는 될 수 없다.

　원하는 것이 정해졌다면 지금까지 자기통제력을 높일 수 있는 항목으로 통제표를 작성해 보자. 머릿속으로 생각만 하던 목표를 이룰 수 있는 좋은 시작이 될 수 있다.

목표 :	
기간 :	

통제도구 설정			
셀프 환경 조성		외부 환경 조성	
목표일기		주변인	
상상하기		SNS	
보상설정		장애물 or 대체통제도구	장애물 : 대체통제도구 :

자기통제력을
효과적으로 높이는 Tip

자기통제력은 근육과도 같다. 연습하고 노력하면 높아질 수 있지만 많이 쓰면 근육통처럼 탈이 난다. 〈어떻게 최고의 나를 만들 것인가〉의 저자 하이디 그랜트 할버슨은 단기목표 달성 후 점점 장기목표로, 여러 가지보다는 한 가지 목표로, 여러 자기통제보다 한두 가지로 선택과 집중을 강조했다. 공부를 처음 하는 어린아이에게 2시간 동안 집중하라는 말도 안 되는 통제보다는 처음에는 10분, 그리고 20분으로 천천히 늘려 나가는 것이 효율적이다. 이처럼 나를 통제할 때도 자신을 잘 알고 스스로에게 맞는 통제력을 요구해야 한다.

S사의 프로그램 중 전문가가 나와서 의지가 없는 소상공인들의 문제점을 파악하고 바꾸어 주는 솔루션을 진행했다. 다른 사람들에 비해 욕심도 없고 의욕도 없는 한 사장의 사연이 있었다. 시청자들은 모두 그가 바뀌지 않을 거라고 예상했다. 하물며 하차까지 요구하는 일이 발생했다. 그는 처음부터 셀프환경이 통제되지 않았다. 욕심도 없고 의욕도 없어서 내키지 않았던 것이다.

그런데 전문가가 투입되자 상황이 달라졌다. 전문가는 끈을 놓지 않고 긴 설득 끝에 솔루션을 진행했다. 그러는 동안 의욕도 없고 욕심도 없던 사장은 바뀌기 시작했다. 그의 방영분이 끝났는데도 전문가에게 매일 똑같은 시간에 연락하는 등의 노력을 보였다. 조언을 듣고 내키지 않더라도 억지로 해 보니 시간이 지나자 외부환경이 통제된 것이다. 스스로의 약속을 지키는 것과 같은 셀프환경도 통제되었다. 어떤 것이 먼저이고 어떤 것이 더 중요한 것은 없다. 셀프환경 조성과 외부환경을 조성하는 것은 자기통제력을 높이기 위해 빠질 수 없는 항목이다. 상황에 맞게 환경을 조성하는 것도 셀프리더의 요건이라고 할 수 있다.

변화와 자기통제력이 높은 셀프리더

5년 후에는 세상이 또 어떻게 바뀌어 있을까? 몇 년 전, 한 친구가 회사에서 접히는 휴대폰을 개발 중이라고 했다. 믿는 척했지만 믿지 않았다. 그런데 지금 접히는 휴대폰은 물론 서랍장 안으로 들어가는 TV도 나왔다. 2025년에는 하늘을 나는 자동차가 나온다고 한다. 그때 우리는 또다시 새로운 세상에 적응해야 하고, 남보다 먼저 한 발 앞선 생각과 먼저 행동으로 옮기는 셀프리더가 되어야 한다. 또 바뀌는데 지금 해서 뭐 해? 남들이 하는 거 따라하지 뭐. 이런 생각은 나의 인생은 다른 사람들보다 늦게 시작하고, 느리게 세상을 배울 거라고 다짐하는 것밖에 되지 않는다. 지금부터 자기통제력의 근육을 늘려 어떤 세상이 오더라도 내 세상으로 만들 수 있는 셀프리더가 되자. 어렵지 않을 것이다.

Chapter. 06

변화관리를 위한 습관의 힘

변화의 시작은 작은 습관으로 시작한다. 무조건 할 수 있다는 긍정 습관이 몸과 마음에 균형감을 줄 것이다. 당신이 하는 행동이 보편적인 행동으로 문화를 이루고, 당신과 같은 생각을 하는 문화 집단과 함께 하는 것이 매력적인 습관을 만드는 방법이다. 이렇듯 몸에 익힌 습관들은 운명을 바꾸는 터닝 포인트가 될 것이다.

왜 습관의 중요성을 강조하는가

01

**최고의 습관은
어떻게 시작하는 것일까**

개인의 변화는 기존의 생각과 행동을 바꾸는 것에서 시작된다고 할 수 있다. 기존의 생각은 고정관념이나 목표일 것이고, 기존의 행동은 몸에 밴 버릇이나 습관이라고 할 수 있다. 네이버 백과사전을 보면 습관이란 같은 상황에서 반복된 행동이 뇌에서 자동화되어 안정적으로 수행하는 것을 의미하기도 한다. 주기적으로 반복하는 식사, 수면, 풍속, 문화 등의 관습도 습관이라고 한다. 이는 오랜 기간 자동이든 의도적이든 지속적인 학습에 의해서 표현되는 행동이다. 습관된 것을 바꾸기에는 몇 배의 의도된 행동의 반복이 필요하다.

미국 하버드대학교 심리학 교수 윌리엄 제임스(William James)는 이렇게 말했다. "생각이 바뀌면 행동이 바뀌고, 행동이 바뀌면 습관이 바뀌고,

습관이 바뀌면 인격이 바뀌고, 인격이 바뀌면 운명이 바뀐다." 가장 좋아하는 명언으로 문장 하나하나가 납득되는 내용이기도 하다. 개인의 변화와 혁신을 위한 경영에 있어서 스스로 리더십을 발휘해야 하는 순간이 오면, 가장 먼저 시작해야 할 것은 자신을 돌아보는 것이다. 부정적인 생각과 나쁜 습관은 비우고, 긍정적인 사고방식과 건강한 습관으로 채워 나가는 것이야말로 진정한 자기경영에서의 셀프리더십이다.

변화관리에 성공한 사람들은 어떤 습관이 있을까

"당신의 하루는 몇 시간인가요?"

일반적인 하루는 모두에게 동일하게 24시간씩 주어진다. 하지만 누군가는 '오늘 하루가 너무 짧게 느껴진다'라고 하고, 또 다른 사람은 '하루가 왜 이리 길게 느껴지지?'라고 한다. 이렇듯 하루를 지내는 느낌이 제각각 다르다고 말한다. 하루의 첫 출발인 아침에 일찍 일어나서 계획적으로 시작한다면 즉흥적인 것보다는 분명히 생산적인 시작을 할 수 있다.

시간이 흐르고 나이가 차츰 들어감에 따라 열망하고 성취하려는 목표가 바뀌기 마련이다. 그리고 시간이 흘러갈수록 목표를 향한 마음에 조바심이 생길 것이다. 목표가 유동적이고 진취적일수록 효율적인 시간관리는 반드시 필요하다. 누군가는 주어진 '하루'라는 시간을 낭비할 수도 있고, 또 다른 누군가는 24시간을 최대한 잘 활용할 수도 있다.

이름만 대면 알 만한 유명인들 중에서 많은 사람이 아침형 인간으로 성공 스토리를 말하는 데 주저함이 없다. 미국 건국의 아버지 벤자민 프랭클린(Benjamin Franklin), 스타벅스 전 최고 경영자 하워드 슐츠(Howard Schultz), 버진그룹 창업자 리처드 브랜슨(Richard Branson), 애플 최고 경영자 팀 쿡(Tim Cook), 미국 전직 대통령 버락 오바마(Barack Obama), 현대그룹 고 정주영 회장을 비롯한 재계 대부분의 경영인들도 아침형 인간이라고 한다[42].

경영 일선에 있는 CEO들은 습관처럼 아침 일찍 하루를 시작한다고 한다. 조찬모임이나 조찬회의가 유독 기업에서 많은 이유이기도 하다. 계획적으로 시작하는 그들의 하루는 누구보다 길다고 한다. 글로벌한 경영세계에 뒤처지지 않고 성장할 수 있었던 스토리를 듣다 보면, 모두가 처음부터 아침형 인간이었던 적은 없었다고 한다. 전문 경영인, 기업 CEO라는 특수직업에 맞는 라이프 스타일로 살다 보니, 아침 일찍 일어나는 것이 업무 효율성과 능률을 올리는 데 필요한 중요한 습관이 될 수밖에 없었다고 한다.

우리나라 기업 경영인들은 이른 아침 어떤 습관으로 하루를 바쁘고 알차게 시작할까? 위에 언급한 고 정주영 회장의 자녀인 H자동차 정몽구 회장, 손자인 K자동차 정의선 수석 부회장 모두 이른 아침 5시까지 가족들과 식사하는 습관을 길렀다고 한다. G그룹 허창수 회장은 매일 아침 일찍 헬스장에서 땀을 흘리며 운동으로 건강한 하루를 시작하고, 운동 후 독서를 게을리하지 않았다고 한다. S그룹 구학서 전 회장은 음악을 들으며 근처 산으로 매일 등산을 다녔다고 한다. 또 다른 S기업의 박성철 회장은 아침 일찍 종교활동 후 출근했다고 한다. D IT기업 석종훈 전 대표는 가벼운 산책 후 조찬모임을 통한 사람들과의 만남에서 인맥을 만드는 소문난 습관도 있었다. 이처럼 기업 경영인들은 아침형 습관으로 촘촘하고 빈틈없이 알찬 하루를 시작했다[43].

그렇다면 계획된 성공, 이른 아침 기상습관과 성공, 목표를 이루고 세상을 바꾸는 힘 등 이들 사이에는 분명 상관관계가 있다고 할 수 있다. 그렇다고 모든 사람이 일찍 일어나기만 한다고 해서 습관 문제가 해결되는 것은 아니다. 아침 시간을 어떻게 생산성 있게 시작하는지가 변화관리의 중요한 포인트이다.

누구나 시작할 수는 있지만, 변화를 성공시키기 위한 습관은 따로 있다

매년 새해가 시작되면 사람들은 새롭고 희망 가득한 목표와 관련된 것들을 계획하고, 새로 구입한 다이어리에 또박또박 적어 놓는다. 실행을 위한 계획이 아닌, 계획만을 위한 문장들로 빼곡히 적어 놓는다. 그러고는 작심삼일이다. 그동안 다이어리에 얌전히 적혀 있다가 잊혀진 목표가 얼마나 많은지 생각해 보자.

계획한 목표를 실행하기 위한 행동을 지속시키기란 결코 쉬운 일은 아니다. 그러나 혼자 막연하게 시작하는 것보다는 구체적인 목표를 만들어야 한다. 성공적으로 변화관리를 한, 닮고 싶은 인물을 정해 본다. 널리 알려진 유명인도 좋고 가까운 선배나 직장 상사도 좋은 롤모델이 될 수 있다. 시작이 반이라는 말이 있다. 전날 모임으로 인해 늦게 잠을 잘 수밖에 없었더라도 그 다음 날 계획된 시간에 일어나야 한다. 변화하고자 하는 수면습관을 위해서는 알람 소리에 맞춰 이른 아침에 일어나야 한다. 한두 번 성공하고 나면 자신감이 생기기 시작할 것이다.

  스티브 잡스(Steve Jobs)나 마크 저커버그(Mark Zuckerberg)가 롤모델이라면 창조적인 생각의 자신감을 갖도록 관련 서적과 자기계발을 위해 노력한다. 서비스업종이나 세일즈업에 있지만 소심한 성격으로 이를 변화하고자 한다면 수많은 사람과의 만남을 통해 본인을 드러내는 행동을 시도해 본다. 내가 생각한 롤모델들은 어떠한 노력으로 지속적인 습관을 잘 관리했는지 궁금해할 필요도 있다. 그 궁금증 속에서 나의 상황과 잘 맞고, 내가 꾸준히 할 수 있는 습관의 목표도 발견할 수 있다. 목표를 이루었을 때 그것은 바로 자신만의 성공 스토리가 된다.

생각은 스마트하게, 행동은 쿨하게

변화하고자 하는 실천목표를 한 번에 한 가지씩 성취하는 경험을 한다. 이러한 긍정적인 성취경험은 계획한 목표를 향한 절실한 마음을 지속적으로 유지하도록 도와준다. 그리고 집중력도 생긴다. 긍정적인 예측과 성취경험을 통한 습관의 근력이 생기는 것이다[42 재인용].

  그러면 쉽고 재미있게 'SMART'와 'COOL'이란 단어로 목표의 속성과 행동지침을 풀어 보도록 하자.

- **스마트한 생각**

    S : Specific 구체적인 목표 나열

    M : Measurable 측정 가능한, 현실적인, 가능한 목표로 설정

    A : Attainable 달성할 수 있는 만큼의 목표 계획

    R : Realize 목표의 중요성을 깨닫는 시간이 중요하다.

    T : Timely Action 문제 상황에 부딪혔을 때 어떤 행동을 할 것인가?

- **쿨한 행동**

    C : Clearly 행동은 분명하고 명쾌하게

    O : Object 목표나 계획을 꼭 실천한다.

    O : Occasion 원인과 명분 있는 적절한 행동을 지속한다.

    L : Leader 셀프리더로서 목표로 한 계획들은 스스로 만들어 가도록 한다.

계획한 목표를 성공시키기 위해서 복잡한 생각은 필요치 않다. 퍼즐을 채워 나가듯 작은 행동 하나하나를 세분화하고 구체적으로 적어 본다. 목표로 정한 행동 변화들을 긍정적으로 예상해 본다. 정말 절실하게 변화하고 싶은 마음이라면 왜 그러한 행동으로 바뀌어야 하고 관리해야 하는지 적어 보도록 한다. 또 습관을 만들려고 하면서 수많은 실패와 계획을 경험해 보았기에 똑같은 문제가 발생했을 때, 어떻게 해결해 나갈 것인지 자세히 작성하도록 한다. 이렇듯 습관은 계획한 목표를 SMART하고 COOL하게, 꾸준히 실천하는 가운데서 자신도 모르게 하나하나 완성된다. 완성된 작은 목표는 커다란 퍼즐 그림을 완성했을 때처럼 나를 근사하게 변화시킬 것이다.

확실한 지속성을 갖게 되는
습관 만들기

02

편하고 싶은 욕구와 회귀본능도 있는 뇌, 뇌를 속이자

직장인들이 많이 있는 곳의 진풍경 중 하나가 있다. 점심식사를 끝낸 사람들이 삼삼오오 모여 손에는 테이크 아웃한 커피잔을 들고, 즐겁게 담소를 나누며 직장 주변을 돌다가 다시 일터로 가는 모습이다. 식사하고 나서 차, 혹은 커피를 마셔야만 제대로 한 것 같은 기분이 드는 것은 많은 사람이 한 번 이상은 경험했을 것이다. 습관과 관련된 공통된 커피 이야기를 하나만 더 예로 들어 보겠다. '모닝커피' 없이 하루를 시작하는 것은 무엇인가 완벽한 느낌이 들지 않는다는 이야기도 들었다. 물론 이유가 있겠지만 단연코 커피와 관련된, 반복된 즐거운 느낌이 습관으로 형성되었을 것이다.

운동을 좋아하지만 귀찮아서 자주 가지 않는다는 직장인 K의 이야기이다. 그녀는 먹는 것도 좋아하고 즐기는 편이라 만날 때마다 다이어트가 고민이라고 한다. 어떤 면에서 가장 문제가 있는지 질문했다. 문제인즉, 운동 자체는 매우 즐겁고 좋지만 운동하러 가는 준비과정과 다녀와서의 후처리가 너무 귀찮다고 하는 것이었다. 그녀에게 제시할 수 있는 방법은, 운동 중의 좋은 느낌을 준비과정과 그 이후의 행동에서도 같은 느낌을 갖도록 하는 것이다. 외부에서 운동하는 것이 아닌, 요즘 유행하는 홈트레이닝을 하면서 편안한 상태를 어느 정도 유지하는 것이다. 준비 과정과 후처리의 번거로움을 집안에서 손쉽게 하는 방법으로 대체하게 되면 그녀에게 운동은 귀찮음을 주기보다는 정말 즐거운 습관이라는 인식으로 바뀔 수 있을 것이다.

이렇듯 지속하려는 행동이 어렵거나 복잡하다는 생각을 하기 시작한다면 습관으로 남겨 놓을 수가 없다. 쉬운 환경을 만들고, 불편함과 마찰을 줄여 나가면서 그 행동의 매력을 충분히 느낄 수 있게 만들어 나가야만 반복할 수 있다. 지속하고 싶은 행동, 변화하고 싶은 행동이 있다면 그러한 행동에 대한 감정을 '행복하고 즐겁다'라는 식의 의도성을 가지고 반복해 보는 것이다. 마음가짐도 습관화를 해 보는 것이다.

많은 사람이 실패하는 목표 중 하나가 다이어트이다. 인간의 욕구에서 바꾸기 어려운 욕구가 식욕이라는 것에는 누구나 동의한다. 음식을 거부할 수 없거나 식사 후의 행동 또한 뇌에서 신호를 보낸다. 인간의 뇌는 본능적으로 편안함을 추구하고, 낯선 것보다는 익숙한 환경에서 행동하는 것을 행복해한다. 익숙해지면 그 행동을 반복하려는 행동을 추구하는데, 바로 이것이 강한 습관이 생기는 이유이다[44].

지금까지는 이러한 뇌의 자동화를 인식하지 않고 살아왔을 것이다. 이 책을 읽거나 비슷한 종류의 내용을 접했다면, 이제부터는 '어떤 종류의 습관과 행동방식을 꾸준히 실천해 나갈지' 생각하고 고민해 보자. 무엇인가를 하는 행동이 반복되다 보면 인간의 뇌 중 전전두엽은 조용해지고, 선조체와 감각운동피질(전두엽 아래 존재)이 행동관리를 하게 된다. 이때 중뇌가 활성화된다. 중뇌에서는 도파민을 분비하게 해서 자신이 행동한 것에 대하여 쾌감을 준다. 연속된 행동 하나하나가 한 개의 묶음으로 만들어지면서 자동적으로 일어나는 현상이다. 이 과정에서 의식적인 뇌(전전두피질)는 거의 관여하지 않는다. 아주 정교하거나 세심한 행동마저 자신도 모르게 실행하게 된다. 결국 이러한 것들이 '습관'이라는 행동으로 불린다[45].

진정 변화된 새로운 습관을 만들어 내고 싶다면 어려운 행동양식을 즐겨야 한다. 자신을 업그레이드시켜 줄 힘든 행동에 행복해 하고 즐거워해야 한다. 잠시 동안 뇌의 기억에 의식적으로 힘든 운동이 편안한 일상생활 속 운동이라고 생각을 하고, 다이어트 실패로 요요현상이 올 것 같다는 부정적인 생각과 행동을 멀리해야 한다는 인식을 가지는 것이다. 건강한 움직임과 절제된 식습관을 지속한다면 이 또한 즐거운 습관이 되기 때문이다.

반복만큼 중요한 습관은 없다
(강도보다는 빈도)

주위에 예쁘게 잘 사귀다가 결혼하는 커플들에게 결혼하게 된 이유 중 하나를 들라고 하면, 한 번쯤은 "자주 만나면서 정이 들었습니다."라고 하는 것을 들어 보았을 것이다. 사람과 사람 간의 우정이나 애정에 있어서 무게나 크기의 강도도 있지만, 자주 만나는 횟수인 빈도가 큰 역할을 하기도 한다. 우리가 새롭게 만들어 가려고 하는 습관 중에도 그 크기가 크거나, 또는 비중이 큰 행동은 한 번에 이루어지지 않는다. 변화하고자 하는 행동을 생각하고 의도적으로 자주 반복하는 행위를 했을 때 비로소 자연스럽게 실행된다.

흔히 인터넷 포털사이트나 시내 서점에서 만나는 자기계발서에는 유명인들의 성공비법이 있다. 그중에서 빠지지 않는 행동양식의 하나가 수면습관에 관한 내용이다. '성공하려면 아침형 인간이 되어라', '새벽 4시에 일어나는 사람들', '새벽 5시에 기적을 만드는 사람' 등이다. 특히 경영, 경제인들의 수면습관인 '아침형 인간'을 강조한다. 아침 일찍 일어나는 것은 결코 쉬운 일이 아니다. 그만큼 수면과 관련된 습관을 바꾸는 것이 얼마나 힘든 일인지 이야기한다. 그렇다고 해서 할 수 없거나 소수의 특별한 사람들만 할 수 있는 것은 아니다[42 재인용].

널리 알려진 속담이나 명언 중에서 수면이나 기상에 관한 내용도 빠짐없이 나온다. "일찍 일어나는 새가 벌레를 잡는다.", "4당 5락, 4시간 자면 붙고 5시간 자면 떨어진다.", "이른 아침은 입에 황금을 물고 있다." 예전부터 일찍 일어나는 습관이 성공과 연관 있다는 것은 분명한 것 같다. 그러나 일찍 일어나기만 하면 변화관리를 위한 습관 만들기에 성공하는 것일까? 결코 그렇지 않다. 아침에 일어나서 시간을 어떻게 활용하면 생산성 있게 시작할 수 있는지가 더욱 중요한 습관 만들기의 노하우이다. 하는 일과 상황에 따라서 저녁형 인간이 좋은 사람들도 있다.

아침형 인간이 되고 싶은가? 바로 내일부터 일찍 일어나서 계획적으로 시작해 보자. 구체적인 계획은 오늘 저녁 잠들기 전에 적어 보도록 한다. 그리고 아침 '일찍'이라는 목표를 조금씩 당겨 본다. 내일 일찍 일어날 수 있다면 또 그 다음 날도 일찍 일어날 수 있다. 이렇게 조금씩 반복하다 보면 나와 맞는, 나의 생활 패턴에 안성맞춤인 기상시간과 수면시간을 통계로 낼 수 있다. 전날 어떠한 상황이 생겼더라도 나의 몸이 기억해서 일어나게끔 도와주는 것이다. 한 번에 모두 이룰 수는 없다. 매일 한 방울씩 떨어지는 물이 바위를 뚫듯이 반복된 습관이야말로 나를 향상시킬 수 있는 변화관리의 중요한 키포인트이다.

바꾸고 싶은 오랜 습관, 생각의 습관부터 바꾸어 본다

'말하는 대로'라는 노래의 가사를 보면 '난 왜 안 되지, 왜 난 안 되지 되뇌였지. 말하는 대로, 말하는 대로 될 수 있다곤 믿지 않았지. 믿을 수 없었지. …(중략)… 말하는 대로, 말하는 대로 될 수 있단 걸 눈으로 본 순간 믿어 보기로 했지. 마음먹은 대로, 생각한 대로 할 수 있단 걸 알게 된 순간 고갤 끄덕였지. …(중략)… 마음먹은 대로, 생각한 대로 도전은 무한히'라는 가사가 있다.

누군가는 '원래부터 나는 해도 안 돼'라고 생각하고, 또 다른 누군가는 '나는 내 생각대로 뭐든지 도전할 거야'라고 전혀 다른 생각을 할 것이다. 당신이라면 '어떤 생각의 습관을 가지고 싶은가'를 묻고 싶다. "말이 씨가 된다."라는 속담이 있듯이 늘 생각하던 것들이 행동으로 표현되기 때문에 평상시 생각하는 습관도 행동의 습관만큼 중요하다.

인간 뇌의 능력 중 하나는 예측하는 힘이다. 상대방의 표정이나 말을 듣고 다음에 닥칠 상황을 생각하게 한다. 그러한 예측을 하는 사람은 뇌의 수많은 인지과정을 통해서 경험치의 결과로 행동이나 뒤의 일들을 자동으로 예측한다. 중간고사나 기말고사 이후 성적표를 가방에 넣고 온 자녀의 표정으로 이후 자녀의 말과 행동이 어떻게 나올지 아는 어머니, 직장에서 결재 서류를 들고 상사 앞에서 기다리며 상사의 행동과 표정으로 그 다음 상황을 미리 예상하는 K대리.

이 모든 것은 학습되거나 경험으로 생겨난 무의식적인 습관의 한 종류이다. 그만큼 습관이 한번 몸에 배고 나면 뇌는 나의 의도와는 상관없이 자동으로 표현될 수도 있다. 좋은 습관은 상관없지만 나쁜 습관이 무의식 속에서 표현된다면 결코 바람직하지 않다[46]. 인간이 생활하는 모든 일상은 어찌 보면 작은 문제를 해결하는 활동에서 나온다. 매일매일 해결한 문제는 습관이 모인 것일 수도 있다. 문제를 해결한 성취 경험이 무의식 속에 행복감으로 쌓이면서 예상치 못한 상황에 처했을 때 기회라고 생각하고, 주어진 기회를 실행하는 것이 습관이 된다.

변화하고 싶은 새로운 습관이 있다면 먼저 스스로를 돌아보고, 현재 어떤 것들이 있는지 파악해야 한다. 생활 속에서 반복되는 기본적인 행동인 수면, 식사, 운동 등의 습관을 바꾸고자 한다면 자주 하고, 같은 동작을 여러 번 해야 뇌의 해마에서 기억하게 된다고 한다. 의사이자 심리학자인 칼 구스타프 융(Carl Gustav Jung)은 말했다. "무의식을 의식으로 만들기까지 여러분 스스로 삶이 가는 방향을 이끄는 것, 그것을 운명이라고 부른다." 멋진 운명을 만들어 가기까지는 좋은 습관의 반복만큼 중요한 것은 없다.

큰 성공은 생활의 작은 습관들이
성공했을 때 이루어진다

03

기본(생활) 습관을 점검하자

누구나 '변화관리'라는 주제를 바라볼 때 작은 변화보다는 대단하고 획기적인 무엇인가를 희망하거나 목표로 생각하기 마련이다. 하지만 대단하고 큰 변화를 생각하기보다는 인간의 욕구, 욕망과 관련된 기본적인 작은 것에서 생각해 보는 것이 오히려 진짜 변화를 실천하는 방법일 수도 있다. 그 욕구 중에는 수면시간과 조절에 관련된 것, 다이어트와 건강을 위한 먹는 것의 변화, 운동으로 몸을 움직여서 건강하고 날씬해지고자 하는 변화 등이 있을 수 있다.

30대 후반의 직장인 K는 다이어트를 자주 시도했지만 매번 성공하지 못하고 중도에 포기했다고 한다. 매번 배고픈 상태에서 장을 보러 가고, 장을 본 뒤 집에 돌아와서는 여러 번 후회했다고 한다. 원래의 계획대로라면 단백질 보충을 위한 닭가슴살 약간, 샐러드용 채소만 구입하려고 했다.

그러나 계산대 앞 장바구니에 올라가 있는 물건들을 보면 양념된 고기, 냉동만두, 맥주, 과자, 라면 등등 예상치 못한 먹거리들이 가득했다.

이런 자신의 행동을 관찰하고 난 뒤 생활패턴 분석을 하였고, 마침내 성공을 눈앞에 두고 있다는 이야기를 들었다. 공복상태에서는 마트에 가지 않는다고 한다. 장을 보러 가기 전, 구매품목을 적은 뒤에 출발하는 습관으로 바꾸었다고 한다. 구매목록은 일종의 계획이다. 지속하다 보면 습관으로 형성된다. 계획은 나에게 다가오는 유혹을 피해야 한다는 사실을 상기시켜 주는 브레이크 역할을 한다. 품목을 적은 메모장은 식료품 코너에서 유혹을 차단시켜 주는 방패가 될 수도 있다[47].

성장형 마인드셋 장착

보통의 사람들, 혹은 남들보다 뛰어나거나 부족하다고 느끼는 사람들 누구나 변화하고 싶다는 생각을 해 보았을 것이다. 그중에서도 가장 변화에 목마른 사람들은 본인이 목표로 했던 무엇인가에 실패한, 그 누구보다도 현실을 직시한 변화관리의 필요성을 느낀 사람들일 것이다. 현재의 자신을 변화시키고자 한다면, 스스로 어떤 생각과 어떤 라이프 스타일로 행동하며 살아왔는지 뒤돌아보고 현실을 정확하게 진단하는 자세가 필요하다.

실패에서 오는 좌절감을 어떻게 헤쳐가느냐를 먼저 생각할 줄 아는 마인드셋이 변화관리의 중요한 포인트이다. 마인드셋은 성장형 마인드셋(Growth Mindset)과 고정형 마인드셋(Fixed Mindset)으로 나뉜다. '난 왜 안 되지?'라고 생각하는 것은 고정형 마인드셋의 사람들이다. '나는 마음먹은 대로 할 수 있어'라고 하는 것은 성장형 마인드셋을 가진 사람들이다. 여기서 중점적으로 이야기하는 내용은 성장형 마인드셋이다. 변화관리에 있어서 중요한 경험과 노력을 통하여 기존의 능력과 지능을 향상시킬 수 있다는 신념을 의미한다. 마인드셋은 피교육자들이 자신의 지능과 능력에 대해 가진 신념을 말한다(Dweck, 2006).

오뚝이처럼 쓰러지고 다시 일어나고를 무한 반복하는 힘은 마음의 습관인 '긍정적인 마음의 태도'라는 성장형 마인드셋에서 오는 영향이 크다고 본다. 잘하는 것, 자랑스러운 것, 즉 장점을 생각하는 것이 아닌, 자기 자신에게 솔직하고 정직한 느낌으로 단점도 함께 진단해 본다. 정직함이야말로 자신의 동기와 정체성을 더욱 이해할 수 있는 계기가 될 것이다. 그러면 새롭게 디자인된 삶의 습관을 즐겁게 채워 나갈 수 있다. 만족감이 커질수록 진정한 나의 변화를 위한 습관으로 오랫동안 함께할 수 있다.

스탠퍼드대학교 심리학자인 캐럴 드웩(Carol Dweck)의 연구에서도 성장형 사고방식의 믿음이 있는 사람은, 기회가 주어졌을 때 행동과 지능까지도 발전할 수 있는 실험 결과를 얻었다고 한다. 다음 캐럴 드웩이 지능에 대한 개인 이론을 측정하기 위해서 나열한 문항들을 참고해 보자[48]. 당신의 마인드셋은 어느 쪽일까?

1. 사람들의 지능은 대부분 태어날 때부터 타고나는 성향이라서 변화는 거의 어렵다.
2. 배움의 의지는 있지만 그 배움으로 인해서 타고난 지능을 약간이라도 변화시킬 수는 없다.
3. 지금의 지적 능력에 상관없이 새로운 배움으로 항상 발전 가능성이 있다.

4. 변화하려는 의지와 관련된 노력은 언제든지 긍정적으로 성장시킬 수 있다.

너무 뻔한 질문이다. 눈치챘겠지만 1번, 2번 쪽이라면 고정형 마인드셋이라고 할 수 있다. 3번, 4번은 성장형 마인드셋에 해당되는 문장이다[48 재인용]. 이렇듯 핀셋으로 고정한 것처럼 생각과 행동을 변화시킬 수 없다면 당신의 목표를 향한 동기부여도 하지 못하고, 스스로를 변화시키는 발전된 셀프리더로서의 성장도 생각할 수가 없다. 이 글을 읽는 여러분은 본인의 마인드셋이 어디에 속하는지 잘 알 것이다.

변화관리의 마인드셋을 위한
파워프로세스 디자인

앞에서 인간의 일상이 문제해결의 결과를 연결할 수 있다고 언급한 것을 기억할 것이다. 사람들은 살면서 수많은 선택의 순간을 마주한다. 아침 몇 시에 알람 소리를 듣고 일어날지, 출근하거나 외출 시에는 어떤 의상을 입고 나가야 할지, 전공은 무엇으로 할지, 어떤 사람과 결혼해야 할지, 누구에게 투표권을 행사해야 할지 등등 너무나 많은, 크고 작은 일 앞에서 선택은 항상 스스로의 몫이다. 피한다고 해도 잠시 미루었을 뿐 결국은 선택할 수밖에 없다.

"당신은 운이 참 좋은 사람이네요." 혹은 "당신은 왜 이리 운이 없어요?"라는 말을 들어 본 적이 있을 것이다. 주위 잘되는 사람들을 보면 별다른 노력을 하지 않은 것 같은데 결과가 항상 좋다. 그들은 운이 좋은 것일까? 아니다. 분명 겉으로 드러나지 않은 노력이 있었을 것이다. 한 예로 수능시험 고득점자나 만점자들의 인터뷰에서 이런 말을 많이 들어 봤을 것이다.

"저는 학원에 다니지 않고 교과서에 충실했어요.", "저만의 방식으로 기본에 충실한 계획으로 공부했어요." 한참 뒤 그들의 또 다른 기사나 스토리를 자세히 살펴보면, 빼곡한 계획서나 자신에게 잘 맞는 프로세스를 만들어 능동적으로 실행해 나간 것을 볼 수 있었다. 이렇듯 그냥 운 좋게 아무것도 하지 않은 상태에서 행운이 찾아온다거나, 물 흘러가듯 문제해결이 되는 것은 없다라는 것을 알 수 있다.

사회과학자나 행동과학자들에 의하면 사람들로 하여금 목적 지향적 행동을 유발하는 힘이나 요소를 파워(Power)라고 한다. 파워프로세스는 긍정적인 성장형 프로세스이다. 스스로의 가치를 상승시키는 프로세스로 변화와 혁신을 유발하기도 한다. 자신의 철학과 개념에 맞는 창조적인 혁신을 이끌어 낼 수 있는 행동 등을 이야기하기도 한다. 파워프로세스는 그 내용을 결정하는 다섯 가지 요소로 설정하고 살펴볼 수 있다. 동기, 욕구, 가치, 관계, 환경의 상호작용에 의해서 행동변화의 가치화를 유발하기도 한다. 다음은 자기변화 관리에 참고할 만한 프로세스의 내용을 요소별로 살펴보겠다.

첫째, 동기는 가치화의 기반이 되는 내적이나 외적 욕구를 유발하고, 내면의 가치 창출과 외면의 행동을 조절한다.

둘째, 욕구는 결핍이나 새로운 형성을 위한 도약에 관계한다.

셋째, 가치는 행동을 선택한다. 가치는 선택의 기준이며 바람직한 행동을 하게 하는 시스템이므로 욕구와 가치는 서로 결합하여 비전을 만들어 낸다.

넷째, 관계는 분리되어 있는 것들이 본질에 의해서 하나가 되는 프로세스이고, 사람의 행동은 관계에 따라 다르다. 관계는 행동을 이끌어 내는 역할을 한다.

다섯째, 환경은 가치화에서 가치화 요소를 제공하거나 가치화에 의해서 만들어진 가치가 작용하는 통로나 기반을 제공한다[49].

주위에 나를 변화시켜 줄 커다란 무엇을 찾아 헤매기보다는 작은 습관인 나의 모든 행동을 프로세스 안에서 살펴보는 일을 제일 먼저 해야 한다. 자신의 동기, 욕구, 그것으로 인한 가치적 행동, 주변과의 관계, 습관의 지속으로 변화에 성공을 할 수 있는 환경 등을 면밀히 살펴보아야 한다. 성장형 변화를 절실히 원하는 지금, 당신의 행동으로 올 수많은 경우의 수를 예측하고, 자신의 역량과 환경에 맞는 습관을 관리하고, 자신에게 맞는 프로세스와 계획을 디자인하고 준비해야 한다.

긍정적으로 자신을 믿고
꾸준히 실천하자

04

**매일 실천한 작은 행동이
하루의 기적을 만든다**

지인인 강사 J는 다이어트로 살을 빼는 것보다는 꾸준한 운동으로 건강을 유지하려고 기존의 습관을 점검했다. 시도해 보지 않은 운동이 없을 정도로 여러 가지를 한 끝에 본인과 잘 맞는 운동 방법을 발견했다. 대학원에 다니던 중 꽤 유명한 마라톤 대회를 동기생들과 시험삼아 신청했다. 단거리 코스였지만 평소에 달리기에 익숙지 않아 걱정이 많았다. 처음에는 2, 3일에 한 번씩 동네를 돌기 시작했고, 익숙해지고 나서는 매일 꾸준하게 걷고 뛰기를 반복했다. 그러면서 주변을 돌아보고 자연 경관도 즐기면서 마음의 여유를 갖게 되었다. 그러다 보니 가벼운 운동은 일상이 되고, 그 일상으로 작은 목표를 정한 다음 드디어 10km 단거리 마라톤 코스 완주에 성공했다. 그 뒤로 작은 달리기 대회가 있으면 주저하지 않았다. 지금도 꾸준히 즐거운 마음으로 달리기를 지속하며 건강과 날씬함을 유지한다고 여러 사람에게 종종 자랑스럽게 이야기한다.

또 다른 지인 S는 아이 셋이 있어서 경력단절을 경험했던 직장 여성이다. 잘나가는 직장에 다니던 그녀는 아이 둘이 있을 때까지는 어렵지만 그런 대로 다닐 수 있었다. 그러나 셋째를 출산한 뒤에는 육아휴직을 했다. 가정일과 아이들 돌보는 것이 너무 힘들어 우울증까지 왔다. 그러던 어느 날 우연히 TV에서 영어로 된 뉴스를 보게 된 그녀는 그날 결심했다. 새로운 목표를 발견한 것이다. 기본적인 영어는 할 수 있었지만 능숙하지는 않았다. 입 밖으로 유창하게 할 수 있는 실력은 아니었기에 흥미도 없었지만, 자막 없이 영어 드라마와 영어 뉴스를 듣고는 자연스럽게 말하고 싶은 욕구가 생긴 것이다. 힘든 상황을 탈출하며 우울증을 이겨내고 싶은 동기부여도 된다고 생각했다.

그다음부터는 의지가 계획을 만들었다. 아이들과 함께 일상생활을 즐기며 서두르지 않고 매일매일 꾸준히 원하던 목표를 성취할 수 있었다. 육아휴직 기간이 그다지 힘들게 느껴지지 않았다. 그리고 3년을 더 쉬게 되었다. 그다음 그녀는 어떻게 되었을까? 쭉 아이들과 함께하며 '엄마'라는 타이틀만으로 불릴 수도 있었지만, 꾸준히 외국어 공부와 자기계발서 독서에도 게으르지 않았다. 준비하는 사람에게는 기회가 오듯이 그녀에게도 복직할 수 있는 기회가 왔고, 진급 시험도 보게 되었다. 다시 일하게 된 그녀는 영어로 문제해결을 하는 업무도 맡게 되었다. 어느 때보다 활기찬 생활을 할 수 있게 되면서 후배들의 귀감이 된 그녀는, 상담과 조언도 해주는 멋진 선배가 되었다. 매일매일 실천한 작은 행동들이 모여 정말 기적과 같은 행복을 만들어 준 스토리인 것 같다.

다음은 여러 사람이 익히 아는, 남아프리카공화국 대통령이자 흑인 인권 운동가인 넬슨 만델라(Nelson Mandela) 이야기이다. 넬슨 만델라에 대한 이야기들 중 여러 자기계발서에 한 번 이상 거론되는 것들이 있는데, 특히 27년간의 기나긴 감옥생활을 하면서 그를 버틸 수 있게 해 준 실천과 끈기가 유명하다. 그중 큰 비중을 차지하는 부분은 긍정적인 마음자세를 유지하는 것이었다. 그는 하루하루 계획된 행동은 꼭 실천했다. 전직 복서생활을 했던 경험으로 유산소운동과 함께 근력운동에도 게으르지 않았다. 좁은 감옥 천장을 달력으로 활용하며 시간관리를 했다. 틈틈이 죄수들과 토론도 하고 그들 앞에서 웅변 연습도 하며, 꾸준히 시간을 투자한 결과 긴 시간 동안 흐트러지지 않을 수 있었다. 이렇게 작지만 멈추지 않는 수순한 실천들이 모여 이후에는 70세를 훌쩍 넘긴 나이에 세계 최초의 흑인 대통령이 되었다[50].

당신을 기적으로 안내할 작은 실천들이 무엇인지 생각해 보았는가? 이제는 주저하거나 머뭇거리지 말고 용기 있게 바로 실행해 보자. 작은 실천이 중요하다는 것을 한 번 더 강조한다. 왜냐하면 작은 성공은 여러분의 마음에 커다란 자신감을 가져다 줄 수 있기 때문이다. 누구에게나 어려움은 있을 수 있다. 그렇지만 목표를 이루기 위해 난관을 극복하고, 문제를 해결하는 새로운 방법과 자신만의 기술을 발전시킬 수 있어야 한다.

관계 속에서 알리고,
도움을 청하자

　　　　　　　　　부산에 가려면 어떻게 가는 것이 가장 빠를까? 부산은 그다지 멀게 느껴지지 않는가? 그렇다면 다시 질문하겠다. 미국까지 가려면 어떻게 가는 것이 가장 빨리 갈 수 있는 방법일까? 가장 빨리 가는 방법은 가족, 친구, 혹은 연인과 가는 것이다. 물리적인 것 외의 방법을 질문하는 것이다.

　　습관도 마찬가지라고 본다. 혼자서도 할 수 있지만 관계 속에서 성공한 습관이 오래 지속할 수 있게끔 도와준다. 마음속에 혼자만 담아둔 계획은 자동으로 기억에서 희미해지다가 사라진다고 한다. 마음먹고 변화하기로 했다면 다양한 방법으로 기록해 놓고 소문내도록 하자. '나' 아닌 주위 사람들에게 알리는 것이다.

　　앞의 마라톤 사례에서 보았을 것이다. 누군가와 함께하는 목표가 생기면 자신이 잠시 게으름을 피우고 싶더라도 함께하는 사람들에게 미안해하거나 민폐를 끼치고 싶지 않은 마음 때문에 목표에 도달할 때까지 포기하지 않고 도전할 수 있다. 그렇게 하다 보면 어느새 목표를 달성한 성취감도 맛보고 자신감도 함께 느낄 수 있다. 인간은 누구나 자신을 공감해 주는 사람에게 더욱더 친근감을 느끼고, 친밀한 관계를 유지하고 싶어 한다. 습관을 같이하는 모임이나 동호회에서 그들과의 관계를 지속하면 연결망 속에서 성취 경험을 충분히 즐길 수 있을 것이다.

기록하고 소문내자

요즘 사회생활을 하는 사람들 치고 SNS 활동을 하지 않는 사람은 없을 것이다. 분명 한 개 이상은 한다고 알고 있다. 단순히 글을 쓰는 정도가 아니라 수입도 창출하는 능숙한 사람들도 많은 것 같다. 포노 사피엔스라는 신종어가 너무나 당연하게 받아들여지는 지금, 손안에서 많은 것을 수시로 보고 듣고 즐기고 계획하고 있다. 제4차 산업혁명시대, IOT 사물 인터넷 시대, 드론의 상용화 시대라는 단어들이 이제는 그다지 낯설지 않다. 우리에게는 너무나 익숙해져 버렸다.

손안의 컴퓨터에 매여 있다고 생각하지 말자. '나'라는 사용자를 잘 이끌고 활용하여 삶의 퀄리티를 높여 주는 하나의 도구로 바라보는 것이 맞다. 매일 바쁜 일정에 스스로에게 맞는 운동이 어떤 것인지, 어디에 맛집이 있는지, 맛집에서 찍은 사진이 다른 누군가에게 유용한 정보로 활용되는지도 알 수 있다. 또 SNS 활동에서 당신이 클릭한 품목이 쇼핑이나 라이프 패턴으로 기록되고 있는지도 알 수 있다. 너무나도 신기하고 스마트한 세상에 살고 있는 자신을 이미 발견했거나 앞으로 발견할 것이다.

자신의 기록을 단순하게 예전의 일기 같은 기록장으로만 놓아 두지 말 것을 당부한다. SNS상의 기록은 각자의 습관을 지속하게 해 주는 도구이기도 하고, 목표를 성취하게 해 주는 변화 관리자로서의 방법이기도 하다. 이것은 변화하려는 긍정적인 관리차원에서 성장시켜준 성공 스토리로 남을 것이고, 다른 이들에게는 간접경험을 하게 하는 수단으로 기록될 수 있기 때문이다. 여러 관계망에서 '블로그 활동'이라는 또 다른 기록을 꾸준히 실천해 본다. 당신의 스케줄과 하루를 시작하게 해 주는 매일 아침의

알람을 통해 하루, 일주일, 한 달을 즐겁게 살게 하는 멋진 습관을 들여 본다. 기록과 취미를 공유하는 네트워크를 만들어 성취 경험을 관리한다.

요즘같이 변화가 빠른 시기에 자신감을 가지고, 그 빠른 물결 속에 잘 편승하기 위한 셀프리더로서의 가장 큰 위협은 '실패'가 아니라 '포기'라는 단어이다. 목표한 것을 성공하기 위해서는 힘들고 어렵지만 변화관리를 잘 해내야 한다. 중간에 목표한 것을 이루지 못할 것 같은 상황이예측될 때, 그런 마음가짐을 갖는 것이 습관이 되는 것을 두려워해야 한다.

우리의 삶은 매번 새로운 것을 찾는 것에서 시작된다. 매일매일 작은 일들을 찾아 성취해 나갈 때 삶의 큰 의미를 느끼게 된다. 어떠한 습관이 자신에게 정말 필요하거나 바꾸어야 할 부분이라면 그날 자신의 기분이나 상황을 살펴보자. 좋고, 나쁘고, 힘들고, 즐겁고, 편하고, 그렇지 않은 상태 자체가 중요한 것이 아닌, 그 습관을 포기하지 않고 꾸준히 해 보는 것이다. 그러다 보면 스스로에게 맞는 것인지 아닌지는 그것을 실행하면서 답을 찾을 수 있고, 또한 직시할 수 있을 것이다[47 재인용).

Chapter. 07

실패에서 배우는 힘
(자기성장을 위한 실행력)

삶은 우리가 원하는 방향으로만 흐르지는 않지만, 힘든 순간에도 마음 먹기에 따라 상황을 변화시킬 수 있다. 불확실성이 가속화되는 지금, 변화에 유연하게 대처하고 앞으로 나아갈 수 있는 힘을 키워야 한다. 자기 성장을 위해 타인과 비교하며 힘들어 하거나 나의 부족함에 매몰되지 말고, 있는 그대로의 나를 인정하고 스스로를 잘 돌보는 것이 필요하다.

변화관리를 잘하는 사람들은
실패를 두려워하지 않는다

01

**시도하지 않으면
아무것도 할 수 없다**

지금 이 순간이 인생의 마지막 날, 마지막 순간이라면 무슨 생각을 하고, 무엇을 떠올릴까? 가족이나 내가 사랑하는 사람들의 얼굴이 떠오르고, 전하지 못한 말, 해주지 못한 일이 생각날 것이다. 혹은 마음속으로만 그들을 아끼고 표현하지 않았음에 대한 후회가 떠오를 것이다.

오스트레일리아의 브로니 웨어는 죽음을 앞둔 말기암 환자들을 돌보았는데, 그들이 인생에서 가장 후회한다고 말했던 주제로 〈내가 원하는 삶을 살았더라면: 죽을 때 가장 후회하는 5가지〉라는 책을 출간했다. 환자들이 죽기 전 가장 후회하는 것은 마음속에서 생각하는 것, 원하는 것들을 시도하지 않고 시작조차 하지 않았던 것이었다. 전 세계적으로 유명한 해

리포터 시리즈의 작가 조앤 K. 롤링(Joan K. Rowling)도 "실패가 두려워 아무 시도도 하지 않는다면 삶 자체가 실패이다."라고 했다.

당신은 죽기 전 무엇을 가장 후회할 것 같은가? 때로는 실패보다 시도하지 않은 것이 우리를 더 힘들게 할 수도 있다. 뭐라도 시도해야 실패든 성공이든 할 수 있다. 시도하지 않으면 아무것도 할 수 없고, 아무것도 얻을 수 없다. 변화관리를 잘하는 사람들은 어떤 일에 실패했더라도 포기하지 않고 계속 시도하는 의지가 있다. 그렇다면, 그들은 실패에서 무엇을 배워 시도할 수 있었는지 살펴보자.

실패에서
그들은 무엇을 배우는가

혼다그룹의 혼다소이치로는 미시간대학교 명예박사 학위 연설에서 자신의 삶을 돌아보았을 때 실수와 실패, 그리고 후회한 것을 제외하면 아무것도 한 것이 없다고 하였다. 자신의 인생에 연이어 잘못이 생겼지만 그러한 잘못과 실패들이 지금의 자신을 만들었고, 그것을 자랑스럽게 생각한다고 했다. 많은 사람이 성공한 삶을 살고 싶어 하지만, 성공은 여러 차례의 실패 후에 그 실패에 대해 반성하고 행동했을 때 비로소 얻어지는 것이라고 하였다. 성공은 자신의 인생에서 한 일의 1%밖에 되지 않았고, 99%는 실패였다고 하였다. 그의 연설처럼 살면서 누구나 성공을 바라지만 대부분은 실패하고, 그 실패를 바탕으로 다시 시도하기를 반복하는 과정을 되풀이한다.

언제부터인가 회사에서 직원을 채용할 때 지원서류나 면접에서 실패 경험에 대해 묻기 시작했다. 하버드대학이나 스탠퍼드 대학 등 세계적으로 유명한 대학의 경영대학원 입학서류에도 '실패 경험'에 대해 작성하라고 한다. 왜 성공 경험뿐만 아니라 실패 경험에 대해 궁금해할까? 그것은 실패 경험 자체의 궁금함이 아니라 실패를 통해 무엇을 배웠는지, 그 경험을 바탕으로 앞으로 무엇을 할 수 있는 사람인지에 대한 궁금함일 것이다. 어떤 사람이든 실패를 피할 수는 없다. 그러나 실패했을 때 포기하고 주저 앉는 사람이 있고, 그렇지 않고 계속 시도하는 사람이 있다.

현대사회는 변화속도가 매우 빠르고 불확실성이 가중되고 있다. 이런 불확실한 환경 속에서 어떤 목적을 향해 나아갈 때는 계획대로 진행되지 않을 수 있다. 그리고 끊임없이 실패와 마주칠 것이다. 완벽하게 계획하고 준비하여 시도해도 실패할 수 있다. 이때 실패를 실패로만 보지 말고 그 원인을 철저히 분석하고, 다음에 어떻게 해야 할지 전략적으로 생각하는 것이 중요하다. 실패는 어떤 방법이 잘못된 것인지 알려주며 새로운 인생의 기회를 열어 주기도 한다.

성공은 마음에서 만들어 낸다

K의 좌우명은 '유심소작(有心所作)'이다. 모든 일은 마음에서 만들어진다. 세상 일은 마음먹기에 달라진다는 것이다. 고등학교 때 우연히 친구의 책상에 붙은 이 한자를 본 그는 모든 일이 마음먹기에 따라 달라질 수 있다면, 어떤 일을 하든 항상 긍정적으로 '할 수 있다'라는 믿음으로 하자는 생각을 했다. 삶은 그가 원하는 방향으

로만 흐르지는 않았지만 힘든 순간에도 마음먹기에 따라 상황을 변화시킬 수 있다는 믿음으로 살았다. 그래서인지 지금까지 살면서 목표로 하는 것을 대부분 이루었다는 생각을 한다.

마라톤에는 '마의 벽'이라는 것이 있다. 인간의 신체적 한계로 인해 깨지기 어려운 기록이 있다는 의미이다. 그렇지만 한 선수가 깨고 나면 사방에서 그 기록을 깨는 선수들이 등장한다. 1908년 런던올림픽에서 미국의 헤이즈 선수가 2시간 55분 18초 기록을 세우자 사람들은 2시간 30분을 마의 벽으로 생각했다. 그 이후 마의 벽이라고 생각했던 기록을 깨는 선수가 나오면 그 벽을 넘는 선수들이 동시에 등장했다. 기록이 깨질 때마다 스포츠 과학자들은 마의 벽을 다시 설정했다[51].

케냐의 킵초게 선수는 2018년 독일 베를린 국제마라톤에서 2시간 1분 39초로 세계 신기록을 세웠다. 그는 2019년 10월 오스트리아에서 열린 대회에서 1시간 59분 40초로 마라톤 2시간의 벽을 깼다. 바람의 저항을 줄여 기록단축을 하기 위한 7명의 페이스메이커를 4km 기준으로 교체하는 등 총 41명이 동원되었다. 페이스메이커 운영 등이 국제육상경기연맹(IAAF)규정에 맞지 않아 공식적인 기록으로 인정받지는 못했지만 킵초게는 "인간에게 불가능한 게 없다는 걸 알리게 되어서 기쁘다."라는 소감을 밝혔다[52]. 마라톤을 할 때 마의 벽은 신체적인 한계라기보다는 마음의 벽이었던 셈이다. 모든 일의 성패는 마음에서 먼저 결정되고, 마음에 따라 나의 행동도 변화되므로 어떠한 상황에서든 잘 대처할 수 있다.

있는 그대로의 나
인정하기

02

타인과의 비교가 아닌
있는 그대로의 나

10년 동안 직장생활을 하다가 퇴직한 A는 고민이 많다. 직장에서 나름 인정도 받았고, 자신이 결심만 하면 쉽게 다른 회사로 이직이 가능할 것이라 생각하여 과감하게 회사를 그만두었다. 그러나 막상 이직하려고 서류를 준비하다 보니, 10년 전 자신이 취업준비를 할 때와는 많은 변화가 있었다. 자기소개서 한 줄 쓰기가 어렵고 채용절차도 복잡해졌다. 정성을 다해 서류를 작성하여 제출해도 매번 서류에서 탈락되자 회사를 그만둘 때의 자신감은 사라졌다.

손 놓고 있던 영어공부도 다시 시작하고, 스펙이라도 쌓아보려고 직무와 관련된 교육과정도 이수하여 자격증을 받았다. '이 정도면 되겠지' 하고 생각했지만 30곳 넘게 서류를 넣어도 연락 오는 곳이 없었다. 그 사이

함께 교육받던 동기들은 모두 원하는 회사에 합격하는 것을 보니, A만 실패자가 되는 것 같았다. 여전히 회사에서 잘나가는 예전 직장동료에게서 연락이 와도 자신과 비교되어 만남을 피하게 되었다.

어떻게 하면 A가 지금의 상태를 극복하고 다시 도전할 수 있을까? 먼저 필요한 것은 실패해도 실패로 보지 말아야 한다. 있는 그대로의 나를 인정하고 내가 할 수 있는 일이 무엇인지를 아는 것이 필요하다. 그것을 가장 잘 아는 사람은 자기자신이다. 불확실성이 가속화되는 지금, 변화에 유연하게 대처하고 앞으로 나아갈 수 있는 힘을 키워야 한다. 타인과 비교하며 힘들어 하거나 나의 부족함에 매몰되지 말고 무엇을 할 수 있는지 살펴보자. 나를 인정하고 스스로를 잘 돌볼 때 성장할 수 있다. 있는 그대로의 나를 인정하기 위해 스스로에 대한 너그러움, 장점에 집중하기, 부분을 전체로 해석하지 않기가 필요하다.

스스로에 대한 너그러움

A는 어린 시절부터 완벽해야 된다고 생각했다. 본인이 계획한 대로 진행되지 않으면 자신을 끊임없이 자책하며 괴롭혔다. 다른 사람의 실수나 잘못에는 "괜찮아. 그럴 수도 있지.", "이번만 기회가 있는 건 아니야. 다음에 잘하면 되지." 하면서 너그럽게 받아들였다. 그러나 자기 스스로에 대한 기준은 높게 세워 두고는 당연히 해내야 한다고 생각했다. 우리는 누구나 A와 같은 마음일 수 있다. 다른 사람에게는 너그러운 태도이면서 스스로에게는 엄격함을 보인다. 심리학자 크리스틴네프(Neff, K.D)[53], 로라바너드(Barnard, L.K.)[54] 등에 의하면

스스로에게 너그러운 사람들이 그렇지 않은 사람들보다 더 행복하다고 한다.

상황이 어떻든 나는 사랑받을 수 있는 존재라고 인식하고, 긍정적이라고 생각해야 한다. 스트레스나 뜻하지 않은 힘든 일을 겪어도 스스로에게 너그러운 사람은 그렇지 않은 사람에 비해 우울감이나 불안감도 훨씬 적게 느낀다. 나에게 현재 발생한 문제가 꼭 무언가를 잘못했다고 생각하기보다는 언제든 발생할 수 있는 일이라며 자연스럽게 받아들인다. 마음의 여유를 갖고 문제에 대한 걱정보다 해결할 수 있는 부분에 더 적극적으로 대처할 수 있는 힘을 키워야 한다.

장점에 집중하기

A의 직장생활을 돌아보면 상사에게 업무적으로는 인정받았지만 스스로는 만족하지 못했다. 자신에게 맡겨진 일 외에도 회사 내에서 발생하는 업무도 잘해서 꼭 필요한 사람이라는 인정을 받고 싶었다. A가 없으면 회사 운영이 안 된다는 평가를 받고 싶었다. 그러나 아무리 능력이 좋은 사람도 모든 일을 잘할 수는 없다. 다른 직원이 도움을 요청했을 때 그 업무에 대해 잘 모르거나 자신이 제대로 처리하지 못하면 자신에게 크게 실망했다.

A는 자신의 업무도 잘하고, 자신이 할 수 없는 일도 잘 해내야 한다는 압박감을 느꼈지만 결국 자신의 장점에 집중하지 못했다. 장점이 많음에도 불구하고 항상 자신이 못 했던 것, 실수했던 것을 크게 보고 늘 부족하

다고 생각했다. 아무리 직장 상사나 동료들이 일을 잘한다고 인정하더라도 자신은 부족한 사람이라고 생각했다. 무엇이 문제인지, 또한 부족한 점을 채우기 위해 무엇을 해야 하는지에 대해 몰두하다 보니, 스트레스를 많이 받고 체력도 많이 소진되었다. A는 왜 자신의 장점보다 단점을 크게 보고 자신을 압박했을까?

심리학에는 '부정성 효과'라는 것이 있다. 뇌에서 발생하는 부정성 효과는 긍정적인 면보다 부정적인 면에 더 많은 영향을 받는다. 열 가지 장점이 있는데 어느 날 보이기 시작한 단점이 크게 느껴진다. 자신의 열 가지 장점이 잘 보이지 않거나 장점으로 생각하지 않게 된다. 긍정심리학의 창시자 마틴 셀리그만(Martin Seligman)은 그의 저서 〈긍정심리학〉에서 "자신의 약점을 고치려고 노력하고 시간을 투자하는 것은 바람직하지 않다."라고 한다. 성공심리학의 창시자 중 한 명인 짐 클리프턴(Jim Clifton)도 성공하고 싶다면 자신의 단점을 보완하기 위해 노력하고 애쓰는 것보다 장점에 집중해서 장점을 최대한 발휘하기 위해 노력하라고 말한다.

사람은 누구나 장점뿐만 아니라 단점이 있다. 완벽한 사람은 없다. 화웨이그룹의 런정페이 회장은 "세상에 완전무결한 사람이 존재하지 않고, 여러분이 완벽한 사람이 되려고 노력하지 않았으면 좋겠다."라고 하였다[55]. 현재의 나보다 더 나은 내가 되기 위해 노력하는 것은 필요하다. 그러나 완벽한 사람이 되겠다는 생각으로 나의 부족한 점, 단점, 약점을 보완하기 위해 많은 시간과 노력에 집중하는 동안, 지금 내게 주어진 기회를 보지 못할 수도 있다. 단점을 보완하는 것도 필요하지만 자신의 장점을 알고, 장점에 집중해서 계획하고 행동하는 사람이 되어야 한다. 그러면 빠르게 변화하는 사회에서 그렇지 않은 사람들보다 유연하게 대처하는 진정한 셀프리더가 될 수 있다.

부분을
전체로 해석하지 않기

회사에서 중요한 프로젝트를 맡고 있는 B는 담당부서장에게 업무진행상황을 프레젠테이션 하기로 되어 있었다. 발표 울렁증이 있는 그는 며칠 전부터 스트레스가 많았다. 프로젝트 진행도 계획대로 잘되고 있고, 발표준비도 꼼꼼하게 해 놓았지만 긴장해서 실수할까 봐 마음이 놓이지 않았다. 프레젠테이션 당일이었다. 잘 준비했으니 잘할 수 있다는 마음을 먹고 앞에 섰지만, 긴장한 탓에 본인의 실력을 다 보여 주지 못해 아쉬움이 남았다. 부서장이 질문한 내용에 완벽하게 답변하지 못한 것이 계속 머릿속에 남아 업무에 집중할 수가 없었다. 능력도 좋고 팀원들과의 관계도 좋았지만 프레젠테이션에서의 실수가 그를 형편없는 사람처럼 느껴지게 했다. 한 번 그런 생각이 들기 시작하자 그다음 추진하는 업무에 자신감이 떨어졌다. B의 문제는 사소한 것도 용납하지 않고 스스로를 괴롭히는 것이었다.

살면서 누구나 실수할 수 있고, 자신이 계획한 대로 진행되지 않을 수도 있다. 그것은 살아가면서 발생하는 수많은 일 중 하나일 뿐이다. 프레젠테이션에서 완벽하지 않았다고 해서 B의 업무역량에 대한 평가가 형편없다고 하는 것도 아니다. B 역시 일을 못하는 사람도 아니다. 하나의 사건을 마치 전체인 것처럼 생각할 필요는 없다. 현재 나에게 일어난 일이 전부가 아님을 생각해야 한다. 하루하루는 각각의 새로운 삶이다. 인생은 수많은 점으로 연결되어 있다. 현명한 사람은 내일을 걱정하지 않는다. 모호한 내일을 걱정하는 것은 중요하지 않다. 지금 해야 할 일을 하는 것이 더 중요하다.

끊임없이
새로운 것에 도전하기

03

구관이 명관, 늘 하던 대로?

"오늘 저녁 뭐 먹을까?"
"그냥 아무거나."
"뭐 먹고 싶은 거 없어?"
"생각 안 해 봤는데…"
"그럼 생각해 봐."
"글쎄… (한참을 고민하더니) 며칠 전에 먹었던 집 맛있던데, 거기 갈까?"
"또 거기가? 새로운 곳 가 보자."

결국 상대가 메뉴와 식당을 정한다.

위의 대화는 회사에 다닐 때, 가족과 식사할 때, 친구를 만날 때마다 K

가 항상 하는 대화 패턴이다. 그는 메뉴 결정을 하지 못한다. 새로운 음식이나 식당에 가는 것을 좋아하지 않는다. 지나가다 가 보고 싶은 식당이 있더라도 괜히 자신이 가자고 했다가, 맛이 없으면 어쩌나 싶어서 선뜻 말하지 못한다. 심지어 점심시간에 두 달 동안 같은 식당, 같은 음식을 먹어 영양결핍이 되기도 했다. 메뉴를 고르는 것뿐만 아니라 그의 모든 생활이 이런 방식이다.

K는 무엇을 하거나 자신에게 맡겨진 일은 잘 해내고 똑똑하고 성실했다. 그렇지만 그는 시도하지 않는다. 자신이 좋아하는 일이 무엇인지 모르고, 기존에 하지 않던 새로운 것을 시도하는 일이 그에게는 너무 어려운 일이다. 새로운 일을 시도할 때 고민만 하고 쉽게 시도하지 못하는 그런 자신이 때로는 답답하다. 새로운 것을 쉽게 시도하지 못하는 K의 문제를 해결하기 위해 무엇을 해야 할지 한번 살펴보자.

현상유지편향을 버리고 시도하자

아무것도 하지 않으면 아무것도 일어나지 않는다. 고민만 하다 아무것도 시도하지 않는 것보다 시도하는 과정에서 배우는 힘이 있다. 무슨 일이든 시작하기 전에는 아무도 정확하게 결과를 알기 어렵다. K는 시도 후에 결과를 생각해 보고 결과에 대한 확신이 없으면 쉽게 도전하지 못한다. 확신이 없더라도 하고 싶은 일이 생기거나 변화가 필요하다고 생각되었다면 시도해야 한다. 모든 일은 시작이 어려울 뿐 한걸음만 내디디면 생각보다 쉬울 수도 있고, 자신에게 잘 맞는 일일 수도 있다.

지금의 삶은 복잡하고 다양한 변화를 요구하고 다양한 정체성을 가지고 산다. 때문에 변화의 시대에 적응하기 위한 여러 가지 시도를 하는 것이 중요하다. 변화에 잘 적응하기 위해 다양한 변화를 시도해야 하지만 사람은 누구나 기존방식에 편안함과 안정감을 느낀다. 이것을 현상유지편향이라고 한다. 마트에 가서도 늘 구입하던 브랜드의 상품만 구입하고, 항상 먹는 음식만 먹고, 항상 가던 곳 같은 자리에만 앉는 K는 현상유지편향이 강한 사람이다. 자신이 하던 대로 해야 편안함과 안정감을 느낀다. 이런 것을 버릴 때 삶의 전진이 가능하고 변화에 유연하게 대처할 수 있다. 새로운 것에 도전한 후 예상대로 되지 않아 실패해도 괜찮다고 생각한다. 사람들은 대부분 모든 일의 결과를 정확하게 알기 어렵다는 것을 이해해야 한다.

셀프리더가 되기 위한
끊임없는 전진

변화에 유연하게 대처하고 삶의 진정한 셀프리더가 되기 위해 끊임없이 전진하는 것이 중요하다. 버킷리스트 작성하고 실행하기, 1년에 한 번씩 시도하지 않았던 것 한 가지씩 하기, 나와 어울리지 않을 것 같은 취미 생활 등 끊임없이 새로운 것에 도전해보자. 여성스러운 외모와 다르게 손 마디마디에 굳은살이 있는 A는 클라이밍을 하고, 단아하고 차분한 B는 프리스타일 랩을 하고, 항상 점잖은 의사 C는 드럼을 연주하고, 가녀린 손가락으로 피아노 연주를 하는 D는 복싱을 한다.

그들이 자신의 이미지와 어울릴 것 같지 않은 취미활동을 하는 이유는, 그 안에서 새로운 에너지와 힘을 얻을 수 있기 때문이다. 자신이 무엇을 잘할지 모르니 새로운 것에 도전하는 것을 두려워하지 않는다. 새로운 것을 실행하면서 만족감도 높이고 삶에 대한 긍정적인 마음으로 끊임없이 전진하는 것이다.

사람들이 꿈을 이루지 못하는 근본적인 원인은 단 하나 행동하지 않기 때문이다. 실패하는 것은 깊이 있는 생각과 준비를 하지 않았거나, 혹은 많은 생각과 준비를 했더라도 위기가 찾아왔을 때 쉽게 포기하기 때문이다. 사람들이 완벽한 목표를 세우고도 첫발을 내딛지 못하는 이유는 끝까지 포기하지 않을 용기와 결단력이 없어서이다. 어떤 일을 할 때 생각하고 계획을 세우는 것은 중요하다. 그러나 목표를 세우고도 이루지 못한 사람들은 대부분 앞에서 본 K의 사례처럼 생각만 하고 계획만 세우다가 시도조차 하지 못한 경험이 많다.

새해가 되면 내가 변화시키고 싶은 모습에 대해 많은 계획을 세우지만, 작심삼일로 끝난 경험은 한 번쯤 있었을 것이다. 생각과 계획도 중요하지만 그보다 더 중요한 것은 실행하는 것이다. 실행하기 전, 목표를 이루었을 때 얻는 게 무엇인지 인지하고, 성과리스트를 작성해 보고, 실행하는 과정 중에 자신이 무엇을 배울 수 있는지를 생각해 보는 것이 도움된다.

내 삶의 중심잡기

04

나다움을 위한 마음관리

　　　　　　　　　　　우리가 무엇을 생각하느냐에 따라 행동이 달라지므로 삶의 성공 여부는 생각이 어떠한가에 따라 결정된다고 할 수 있다. 살아가면서 뜻하지 않은 위기가 찾아올 수도 있고, 의도치 않은 변화를 접하게 되는 상황이 발생할 수도 있다. 이런 불확실성이 존재하는 삶 속에서 흔들리지 않고, 내가 처한 다양한 상황에 잘 대처하는 힘이 필요하다. "위기가 기회이고, 기회가 위기이다."라는 말이 있듯이 상황을 어떻게 생각하느냐에 따라 결과는 달라질 수 있다. 그러므로 일희일비(一喜一悲)하지 않고 유연하게 대처해야 한다. 인생의 방향을 잃지 않고 앞으로 나아가기 위해 중심을 잘 잡는 것이 중요하다. 내 삶의 중심을 잡기 위해 자기관리, 마음관리를 잘해야 나답게 살 수 있는 힘이 생긴다.

　　J는 항상 자신만만하고 자신의 일에 최선을 다한다. 다른 사람에게 피

해가 가는 행동을 하는 것을 싫어하고, 그런 행동을 하지 않으려고 노력하는 사람이다. 그런 그녀에게 몇 년 전 문제가 생겼다. 초등학교 2학년인 아들이 학교에서 친구들을 자꾸 때리고, 매일 아침 학교에 가지 않겠다고 떼를 쓰는 것이었다. 학교에 지각하는 것은 일상이 되었다. 하루가 멀다 하고 친구나 형, 누나를 때리고, 말리는 선생님을 물기도 하는 등의 문제가 발생했다. 그때마다 그녀는 피해아이의 학부모와 학교에 사과해야 했다. 죄인이 된 기분이었다. 왜 그런지 이유를 물어도 아이는 대답하지 않았고, 심리치료센터에 다녀도 별다른 효과가 없었다. 아무리 노력해도 달라지는 게 없다는 생각이 그녀를 괴롭혔고 무기력감이 몰려왔다. 항상 차분한 그녀가 불같이 화를 내고 소리를 지르는 일도 많아졌다.

관계의 힘-이해와 지지

문제해결을 위해 J는 자신은 물론 아이를 객관적인 시선으로 돌아보기 시작했다. 원인이 무엇이든 금방 해결될 문제는 아니라는 생각이 들었다. 현재 그녀를 가장 힘들게 하는 게 무엇인지를 들여다보았다. 아이가 문제를 일으키는 것도 힘들지만 '문제를 일으키는 아이의 엄마'라는 시선이 부담스러웠다. 문제가 있는 아이를 제대로 교육하지 못하고, 자신의 일만 열심히 하는 엄마라는 죄책감도 들었다. 결국 아이의 문제보다 내면에서 만들어 내는 감정이 그녀와 아이를 더 힘들게 하고 있다는 걸 알게 되었다. '아이에게 나는 어떤 엄마였을까?', '힘든 아이에게 나는 어떤 모습을 보여야 할까?'라는 고민을 통해 자신의 마음관리가 필요하다고 생각했다. 그래야 아이를 온전히 이해하고 편안한 상태가 될 수 있게 하는 힘이 될 것 같았다.

하와이군도 북쪽에 카우아이(Kauai)섬이 있다. 제2차 세계대전 이후 인간이 겪을 수 있는 모든 불행이 이곳에 있다고 할 정도로 열악한 섬이었다. 대를 이은 가난과 질병, 범죄가 넘쳐났다. 아이들은 제대로 된 교육조차 받기 어려운 곳이었다. 미국의 사회학자들은 이 섬의 주민 대다수가 왜 가난하고 불행하게 사는지에 대해 연구하기 시작했다. 1955년에 태어난 신생아 855명이 대상이었다. 그중에서 가장 열악한 환경에 사는 고위험군 201명에 대해 종단연구를 하기 시작했다. 연구자들은 그들이 모두 불행하게 살 것이라고 예상했지만 빗나갔다.

50여 년의 연구를 통해 고립되고 열악한 환경에서도 약 30%인 73명의 아이들이 좋은 환경과 수준 높은 교육을 받은 아이들 못지않게 도덕적이고 성공적인 삶을 살았다. 고통과 가난, 시련을 이겨 낸 아이들의 공통점은 세상에 자신을 믿어 주고 이해해 주고 받아주는 어른이 최소한 한 명은 있었다는 것이다. '어떤 삶의 역경과 고난에도 좌절하지 않고 다시 일어나는 힘'을 이 종단연구의 연구자 에미워너(Werner, E.E) 교수는 '회복탄력성(Resilience)'이라고 명명했다[56]. 어린 시절부터 다른 사람의 지지와 사랑을 받고 자란 아이들은 회복탄력성이 높다고 한다. 뿐만 아니라 고통과 가난, 가정폭력 등과 같은 환경이 개인의 삶에 영향을 주기는 하지만, 삶을 대하는 태도와 주변사람들과의 관계에 따라 충분히 변화될 수 있음을 이 연구를 통해 알 수 있다.

천천히 가도 괜찮아

J와 아이는 어떻게 되었을까? 마음관리를 시작한 그녀는 아이가 어떤 행동을 해도 의연하게 대처했다. 아이에게 문제가 무엇인지도 더는 묻지 않았다. 아이 곁에서 "엄마는 너를 믿어. 항상 네 편이야. 너는 좋은 사람이야. 말하고 싶을 때 언제든 말해도 좋아."라고 하며 기다려 주었다. 화가 난다고 소리를 지르거나 아이를 야단치는 일 대신 아이 입장에서 이해하고 안정감을 주기 위해 노력하였다. 무슨 일이 있어도 자신의 편이 되어 줄 한 사람이 있다는 안정감은 아이에게 큰 힘이 되었다. 아이의 문제를 객관적으로 본 그녀는 아이의 행복한 삶을 위해 아이의 속도에 맞추어 잠시 쉼을 선택했다.

홈스쿨링을 선택하고 집에서 놀기만 하는 아이를 걱정하는 사람이 많지만 J는 걱정하지 않았다. 그녀가 삶의 중심을 잡고 아이를 대하자 홈스쿨링 1년여 동안 정서적으로 많이 안정되었다. 그녀의 지지와 이해가 아이의 회복탄력성을 높여 주었다. 만약 중심이 흔들렸다면 그녀의 불안한 감정을 그대로 아이에게 전달했을 것이다. 다행히 그녀는 감정관리와 마음관리로 삶의 중심을 굳건하게 잡을 수 있었다. 삶의 중심이 잘 잡혀야 나와 주변사람들이 안정감을 가지고 행복한 삶을 살 수 있다.

행복의 조건,
원만한 인간관계

내가 나다움을 위한 마음관리를 잘 해야 다른 사람과의 관계도 원만하게 맺을 수 있다. 다른 사람과 원만한 인간관계를 맺느냐, 그렇지 않느냐 하는 것은 우리 삶에 중요한 영향을 미친다. 만족스러운 인간관계를 경험하는 사람은 삶에 긍정적인 영향을 받지만, 불만족스럽고 대립적인 인간관계를 경험하는 사람은 정신적인 스트레스와 부정적인 영향을 받는다. 조지 베일런트(George E. Vaillant)의 저서 〈행복의 조건〉에는 우리가 행복하기 위해서 필요한 '세 개의 관문'을 제시한다. 세 개의 관문 중 하나가 긍정적 노화에 관한 것이다[57].

하버드대 연구팀은 1937년부터 '하버드대학교 성인발달 연구'를 진행하였고 현재도 진행 중이다. 성인의 발달과 성장에 관한 최장기 '전향적 연구'이다. 연구를 시작하는 시점 이후에 그 사람을 추적관찰하여 연구하는 것이다. 당시의 상황을 있는 그대로 기록하여 구체적이고 사실적인 연구를 할 수 있다. 1967년부터 이 연구를 주도한 베일런트 교수는 '삶에서 가장 중요한 것은 인간관계이며 행복은 결국 사랑'이라고 결론 지었다. 또한 한 명의 소울메이트가 있으면 그 사람 인생 전체가 행복해지고 어떠한 어려움이 생겨도 이겨낼 수 있다고 한다.

초연결시대, 관계 맺기

기술이 빠르게 발전하고, 서로 촘촘하게 연결되어 있는 네트워크 시대에 나 혼자 잘 먹고 잘 사는 것이 가능할까? 인공지능의 기술발달로 AI 비서 등 사람을 대체할 수 있는 것들이 있지만 과연 인간관계 없이 혼자 살아갈 수 있을까? 데일 카네기(Dale Carnegie)는 인간관계론 〈사람을 움직이는 기술〉에서 사회는 사람이 모여 사는 곳이고, 사람과 접촉하지 않고는 하루도 살 수 없다고 하였다. 나 혼자 노력해서 나 혼자만 성공하는 시대는 끝났다.

2016년 다보스에서 열린 세계경제포럼에서 제4차 산업혁명에 대한 언급이 본격적으로 대두되었다. 이때 많은 미래학자들이 디지털시대, 제4차 산업혁명시대에 필요한 인재의 역량에 대해 공통적으로 커뮤니케이션을 잘하고, 팀워크를 잘할 수 있는 사람을 꼽았다. 결국 기술이 발달하여 사회가 변화되고, 인간 삶의 지형이 바뀌더라도 사람과 사람 간의 관계가 중요함을 의미한다.

인간관계를 잘 맺기 위한 여러 가지 방법이 있겠지만 그중 몇 가지만 살펴보자. 첫 번째, 친해지고 싶은 사람이 있다면 진짜 나를 드러내는 것이다. 다양한 정체성을 가지고 살아가지만 나를 먼저 드러내야 상대도 자신을 드러내고 친밀감을 형성하여 깊은 관계를 이어 나갈 수 있다. 두 번째, 상대에게 진심으로 관심을 가져야 한다. 그 사람이 무엇을 좋아하는지, 또는 싫어하는지, 관심사는 무엇인지에 대한 관심이 필요하다. 세 번째, 상대방을 존중해라. 상대의 의견이 틀렸다고 지적하는 것보다 존중할 때 강한 신뢰가 쌓인다. 네 번째, 잘못을 인정해라. 실수가 생기거나 상대를 기분 나쁘게 했다면 변명보다는 솔직하게 인정하고 사과하면 진정성 있는 사람으로 인식된다. 마지막으로 감사하고 칭찬해라. 상대에게 항상 감사함을 표현하고 진심으로 칭찬해라. 감사와 칭찬을 듣고 기분 나쁜 사람은 없다.

타인의 평가에
흔들리지 않기

진정한 셀프리더가 되어 자신이 원하는 삶을 살기 위해서는 흔들리지 말아야 한다. 원만한 인간관계를 맺고, 사람과 사람 간에 발생할 수 있는 트러블이나 스트레스를 줄이기 위해서라도 삶의 중심을 잘 잡고, 타인의 평가에 흔들리지 않는 것이 필요하다. 인간은 사회적 동물이기 때문에 주변의 영향을 직접적으로나 간접적으로 받을 수밖에 없다.

봄이 오자 거리에 나오는 사람들의 옷차림이 가벼워졌다. K는 유난히 꽃무늬 옷들이 눈에 띄어 고르고 고른 끝에 블라우스 하나를 샀다. 집에 가서 입고 거울 앞에 비추어 보았더니, 블라우스는 예쁘지만 왠지 자신의 모습이 낯설고 어울리지 않는 것 같았다. 이 모습을 보던 엄마가 말했다. "네가 입으려고?", "응, 봄이니까 이런 거 한번 입어 보려고. 왜, 이상해?", "네 스타일 아니잖아.", "예쁘지 않아?", " 그럼 한번 입어 보든가."

이 대화 후의 결과가 예상되는가? 이 글을 읽는 당신이라면 어떻게 할 것 같은가? 반품을 하거나 그냥 입거나 둘 중 하나를 선택할 것이다. 위의 결과는 "그냥 입어 볼래."였다. 그러나 꽃무늬 블라우스는 옷장에 걸려만 있고, 그 봄 내내 한 번도 입지 못했다. K는 분명 입고 싶었고 예쁘다고 생각해서 샀지만 엄마의 반응에 망설인 것이다. 결국 반품 시기도 놓치고 옷도 입지 못하여 볼 때마다 스트레스만 받았다. 이런 일이 옷뿐이겠는가? 일상에서 일어나는 대부분의 일에 다른 사람들의 반응이 개입되는 순간 결정에 고민이 생긴다. 때로는 상대의 뜻대로 결정하게 된다. 혹은 이러지도 저러지도 못하고 포기하기도 한다.

 자신의 삶에서 중요한 것은 누구인가? 바로 자기 자신이다. 내 선택에 대한 책임도 내가 지는 것이다. 타인은 평가만 할 뿐 책임져 주지 않는다. 개입만 있을 뿐이다. 스스로를 믿고 자신의 결정을 신뢰하자. 자신이 선택한 것을 후회할 수도 있고 결정이 잘못된 것일 수도 있다. 그러면 어떤가? 그 자체도 분명 의미가 있으니 그 지점에서 다시 선택하고 행동하면 되지 않을까? 타인의 평가에 흔들리지 말고 주체적인 삶을 사는 셀프리더가 되자.

삶을 대하는
프레이밍의 변화

05

기준을 어디에 두느냐에 따라
삶은 달라진다

이런 생각을 해 본 적이 있는가? 올림픽에서 동메달을 딴 선수와 은메달을 딴 선수 중에 누가 더 행복할까? 미국 코넬대학교 심리학과 연구팀은 1992년 하계올림픽 중계권이 있던 NBC올림픽 중계자료를 바탕으로 연구를 진행하였다. 메달리스트들이 게임을 종료하는 순간에 어떤 표정을 짓는지 감정을 분석하는 것이었다. 그에 대한 결과는 '동메달을 딴 선수가 더 행복하다'였다. 은메달을 딴 선수는 기준점이 금메달이라 아쉬움이 더 크다고 한다. 이처럼 삶의 가치나 기준을 어디에 두느냐에 따라 우리의 삶을 대하는 자세나 시각은 달라진다.

준거점 의존성이라는 것이 있다. 준거점 의존성은 사람의 눈높이를 어디에 맞추느냐, 혹은 지금까지 살아온 경험이나 직관에 따라 기준선을 어디에 두느냐에 따라 행동이나 선택, 판단 등에 영향을 미치게 된다. 이것은 영향으로 개인의 기준선에 따라 같은 행동, 같은 결과에도 가치가 다르게 느껴진다. A의 연봉은 4천만 원이고 동료들의 연봉은 5천만 원이다. B의 연봉은 4천만 원이고 동료들의 연봉은 3천만 원이다. 누가 더 만족할까? 똑같은 연봉을 받지만 동료들의 연봉이 기준점이 되어 서로 느끼는 만족의 크기는 달라진다. 누군가는 SNS에 소문난 맛 집을 찾아가서 몇 시간씩 줄을 서서 음식을 먹어도 행복하고, 누군가는 그런 맛 집보다는 그냥 아무 곳이나 바로 들어가서 먹을 수 있는 곳이 행복하기도 하다.

우리의 삶의 기준점은 어디에 있는지 한번 돌아보자. 자신의 경험에 따라 기준점은 다를 것이고 삶도 달라질 것이다. 삶의 목적과 방향에 따라 가치를 정하고 그대로 하면 된다. 다만 자신의 가치가 때로는 잘못된 방향으로 갈 수도 있다. 잘못된 방향으로 간다는 것을 알았을 때는 언제든 변화할 수 있어야 한다.

삶은
내가 선택하는 것이다

살아가다 보면 무수히 많은 유혹이 존재한다. 누구나 한 번쯤은 해야 할 목표를 정해 놓고 잘 가다가도 주변의 유혹에 흔들려 멈춘 일이 있을 것이다. 학창시절 독서실에 갔는데 친구와 수다 떨다가 정작 공부는 한 시간도 못 하고 온 것, 아침 운동을 하겠다고 마음먹고 나갔는데 추워서 그냥 돌아온 것 등 일상의 사소한 일부터 사회생활까지 유혹은 끊임없이 존재한다.

여름철 강가에서 보았을 때 그리 깊어 보이지 않던 물이, 어느 순간 갑자기 깊어져 쑥 빠진 경험을 한 적이 있는가? 물이 얕아 보여서 자신 있게 들어갔지만 갑자기 깊어져 허우적거리는 모습은 우리 인생과 많이 닮았다. 인생은 한 치 앞을 볼 수 없다. 중요한 것은 한 치 앞도 볼 수 없는 인생이니 자신의 삶에서 일어나는 모든 일을 통제할 수 없다는 것이다. 우리가 할 수 있는 일은 인생에서 일어나는 수많은 일을 어떻게 인식하고, 어떻게 대응할 것인가에 대한 선택과 행동이다.

문제는 계속해서 생길 수 있다. 하나의 문제를 해결하면 또 다른 문제가 생기기도 한다. 오후 4시까지 마무리해야 하는 프로젝트가 있다. 배가 고파서 밥을 먹으러 갔는데, 너무 많이 먹어서 졸음이 쏟아진다. 졸음이 쏟아지니 집중력이 떨어지고, 집중력이 떨어지니 마감시간에 프로젝트를 마무리할 수 없다. 배고픔의 문제는 해결되었지만 또 다른 문제가 계속 생기고 있다.

이 과정에서 생각해 볼 것은 긍정적인 문제든 부정적인 문제든 결국 내 선택에 의해 발생되는 것이라는 점이다. 많이 먹고자 하는 유혹에 대한 나의 선택, 집중력이 떨어짐에도 별다른 대안 없이 시간만 보내는 행동 등 모든 선택은 자기자신이 한 것이다. 결국 자신의 삶 속에서 일어나는 모든 일에 대한 선택은 100% 자기 책임이다. 빠르게 변화하고 불확실한 시대에 유연하게 대처하기 위해 당신은 어떤 셀프리더가 될 것인가? 당신의 삶을 발전시키고 성장하기 위한 선택은 이제 당신의 몫이고 그 책임도 자기 자신이다.

행동하는 셀프리더,
"뭐라도 하자. 지금 바로."

　　　　　　　　　　　1988년 7월 6일 영국 북해 유전에서 화재가 발생하여 플랫폼 위에 있던 168명이 사망하는 사고가 발생했다. 유출된 기름으로 시추 플랫폼 위는 불길에 휩싸였고, 바닷물은 차가워서 뛰어내린다고 해도 빨리 구조되지 못하면 생명을 잃을 수 있는 상황이었다. 선뜻 뛰어내리지도, 그렇다고 그냥 남아 있을 수도 없는 상황에서 앤디 모칸(Andy Mochan)이라는 사람이 가장 먼저 바다로 뛰어들었다. 플랫폼 위에 남아 있던 사람들은 모두 숨지고 바다에 뛰어든 사람만이 구조되어 생존할 수 있었다.

　당시의 '불타는 갑판'을 비유적으로 표현한 것이 '버닝 플랫폼(Burning Platform)이다[58]. 불타오른 갑판 위에서 아무것도 시도하지 않고 죽음을 맞이할 것인가? 구조될 가능성이 불확실해도 바다로 뛰어들 것인가? 위기상황에서 아무것도 하지 않고 가만히 있기보다는 새로운 변화를 시도하고, 도전하는 것을 앤디 모칸은 보여 주었다.

　개인의 일이나 직장, 사업 등을 하면서 우리는 환경의 변화를 시시때때로 겪으며 수많은 버닝 플랫폼 상황을 맞이한다. 기술이 급격하게 발전하고 주변환경의 변화로 사업의 경계, 직무의 경계, 직업의 경계가 허물어지고 있다. 서로 경계를 넘나들기 때문에 예상치 못한 다양한 분야에서 새로운 경쟁자가 수시로 나타나고, 현재의 위치에서 언제든 위기를 맞을 수 있다. 인생에 위기는 언제든 올 수 있지만 내일을 위해 오늘을 끊임없이 준비한다면, 위기도 기회로 만들 수 있을 것이다. 기회와 운은 항상 당신 곁에 있다. 준비되어 있는 당신에게는 그것이 잘 보일 것이고, 준비되어 있지 않은 당신에게는 보이지 않을 수도 있다.

지금 이 순간 해야겠다고, 해 보고 싶다고 생각되는 게 있으면 시도해야 한다. 우리가 시도하지 못하는 것은 준비가 되어 있지 않거나, 잘 해낼 자신이 없거나, 생각이 너무 많기 때문이다. 결국 시도했다가 실패할까 봐 두려워 시작조차 하지 못하는 것이다. 실패하면 좀 어떤가? 실패는 실패 그 자체로의 의미가 있다. 내 인생의 한 부분이고 성공하기 위한 하나의 과정일 수도 있다. 아주 작은 것이라도 시도해 보자. 작은 것부터 시도하면서 성취와 실패를 경험하고, 그 경험의 근육을 키워나가는 것은 중요하고 필요한 일이다.

봄이 되면 농부는 씨앗을 뿌리며 한 해 농사를 시작한다. 가뭄이 들거나, 태풍이 와서 애써 키운 농작물이 피해를 입어 수확량이 감소할 수도 있다. 한 해 농사가 잘되어 수확량이 늘더라도, 수확농가가 많아서 가격이 폭락할 수도 있다. 농사를 짓고 수확하기까지 우리가 예측하기 어려운 불확실성이 존재하지만 농부는 씨앗을 뿌린다. 봄에 씨앗을 뿌려야만 수확 시기가 왔을 때 수확할 농작물이 있기 때문이다.

우리의 삶도 농사와 비슷하지 않을까? 살면서 발생할 수 있는 문제들을 예측하기 어렵고 누구에게나 불확실성은 존재한다. 결과를 예측하기는 어렵지만 적어도 우리는 지금 해야 할 것들을 할 수 있지 않을까? 불확실성에 유연하게 대처하고 주도적으로 자신의 삶을 살기 위해 지금 해야 할 일을 생각만 하지 말고, 고민만 하지 말고 행동으로 옮기자. 지금 바로!

에필로그

상상이 현실이 되다

날아다니는 자동차, 운전자가 없어도 부르면 내 앞에 나타나는 자동차가 있다면 어떨까? 로봇과 친구가 되고, 우주를 여행한다면 어떤 기분일까? 어린 시절에 혼자서 생각의 나래를 펼치며 이런 상상을 해 본 적이 있다. 그 시절 만화나 영화 속에서 그런 모습이 나올 때 신기하기도 하고, 저런 세상은 어떤 세상일까 궁금하기도 했다.

2016년 다보스(Davos)에서 열린 세계경제포럼에서 제4차 산업혁명에 대해 언급했다. 디지털 기술의 발달로 바이오, 사물인터넷, 자율주행 자동차 등이 등장하고, 로봇이 사람의 일자리를 대체하고, 2020년까지 5백만 개의 일자리가 사라질 것이라는 일자리 보고서가 발표되었다. 2016년 당시에는 로봇이 사람을 대체하여 일을 한다는 것이 머릿속에 쉽게 그려지지 않았고, 체감되지 않았다. 또한 기술의 발달에 대한 기대나 반가움보다는 로봇이 사람의 일자리를 대체하고, 많은 일자리가 사라진다는 것에 대한 두려움이 앞섰다. 어쩌면 마음속에서 그런 변화는 아주 천천히 오기를 바랐는지도 모른다.

그러나 지금 우리 주변을 살펴보면, 생각보다 많은 곳에서 기술발달의 변화를 체감할 수 있고, 영화 속에서만 가능할 것 같았던 일이 현실이 되고 있다. 이처럼 변화는 우리가 원하든 원하지 않든 우리 일상에 소리 없이 빠르게 다가오고 있다. 변화의 시대에 우리는 어떤 모습으로 살아가야 할까?

변화의 시대에
행동으로 이끄는 셀프리더십

변화에 대한 사람들의 태도는 다양하며, 개인의 경험이나 살아가는 환경에 따라 다르게 반응한다. 누구나 살아가면서 어떤 방식으로든 변화가 필요하고, 변화된 환경에 적응해야 성장할 수 있다. 변화에 유연하게 대처하고 적응하여 자신이 바라는 삶을 살기 위해서 필요한 것이 무엇인지, 앞으로 어떻게 해야 하는지를 우리는 고민해야 한다.

이 책에서 우리는 그 고민에 대해 생각해 보고, 무엇을 어떻게 실행해야 하는가에 대해 살펴보았다. 이해하고 아는 것과 실행하는 것은 다르다. 성장하는 셀프리더가 되기 위해서는 이 책에서 이야기하는 것을 이해하고 아는 것으로 끝나는 것이 아니라 행동으로 옮겨야 한다. 당신은 이제 당신의 삶을 성장시키고 변화에 유연하게 대처하기 위해 실행할 준비가 되었는가?

세계 최고의 리더십 전문가 마셜 골드스미스(Marshall Goldsmith)는 우리가 환경에 적응하거나 변화시키는 것, 목표를 세우고 행동하게 만드는 것 등에 트리거(Triggers)가 영향을 미친다고 하였다. 트리거란 우리의 행동과 생각을 바꾸는 심리적 자극이다. 트리거는 우연히 찾아올 수도 있고 직접적이거나 간접적일 수도 있다. 외부의 환경이나 여러 요소에 의해서 올 수도 있고, 자신의 내부에서 생각이나 감정에 의해 당신을 행동으로 이끌 수도 있다.

중요한 것은 이런 자극이 생겼을 때 행동하느냐, 행동하지 않느냐가 우리 삶을 지금과는 다른 방향으로 이끌고, 변화시킨다는 것이다. 삶을 살아가면서 일어나는 모든 일은 자신의 선택에 대한 결과이며, 어떠한 상황에서도 자신의 행동에 대한 선택권은 항상 자기 자신에게 있다는 점을 기억해야 한다. 이 책에서 보여 준 '변화의 시대에 필요한 셀프리더십'이 트리거가 되어 행동하는 셀프리더가 되기를 바란다.

수작연구회 사부작

참고문헌

1) 인천일보(2019. 12. 29) 콜택시처럼 부르는 버스
   http://www.incheonilbo.com/news/articleView.html?idxno=1012146
2) 제9회 아시안리더십컨퍼런스(2018) 하버드대 교수들의 리더십 경연
3) 박준상(2016). 지속가능 경영을 위한 공유가치 디자인 인자 연구. 석사학위논문. 국민대학교
4) 이영민(2019). 지리학자의 인문 여행. 서울 : 아날로그(글담)
5) 정윤진(2018). 셀프리더십 심리코칭. 고양 : 도서출판 좋은 땅
6) 백기복, 김정훈, 신제구(2009). 리더십의 이해. 서울 : 창민사
7) 제9회 아시안리더십컨퍼런스(2018) 디지털리더십. 뛰어난 리더가 되려면
8) 고정연(2015) 호텔아웃소싱종사자의 셀프리더십이 자기효능감 고객지향성에 미치는 영향. 석사학위논문. 경기대학교 서비스경영전공
9) 박징기(2018). 셀프리더십이 직무수행에 미치는 영향. 석사학위논문. 호남대학교 대학원
10) 신용국(2009). 셀프리더십 척도 타당화 연구. 우리나라 대학생을 중심으로. 석사학위논문. 호서대학교 대학원. 한국심리학회산하 학교심리학회
11) 김종덕(2008). 대나무의 품성과 효능에 대한 문헌연구, 농업사연구, 7(2), 163-191
12) 이유미(2012). 여성 결혼이민자 부부 의사소통 특징 연구, 다문화콘텐츠연구, 0(12), 187-202
13) 울산제일일보(2015. 9. 1) 실패에서 배우는 성공의 법칙. 신영조 칼럼
14) 정상헌(2019), 성인학습자의 내적동기에 관한 연구:기업 HRD 참여자 중심으로, 학습자중심교과교육연구 19(14), 437~455
15) 에드워드L.데시·리처드 플래스트(2011). 마음의 작동법(무엇이 당신을 움직이는가). 이상원 역. 서울 : 에코의 서재
16) 다니엘 핑크(2009). 드라이브(창조적인 사람들을 움직이는 자발적 동기부여의 힘). 김주환 역. 서울 : 청림출판
17) 신병철(2018). 논백 리더십 전략. 경기 : 휴먼큐브
18) 빅터프랭클(1995). 죽음의 수용소에서(절망에서 희망으로 증오에서 사랑으로 승화하는 인간존엄성의 승리선언). 김충선 역. 서울:청아출판사

19) 수전 엥겔(2017). 호기심의 두 얼굴(현대 심리학이 밝혀낸 자발적 학습의 비밀). 안진이 역. 서울 : 더퀘스트

20) 김동한(2014). 생활체육 참가자의 운동참여와 호기심의 역할. 석사학위논문. 서강대학교

21) 동아닷컴(2020. 02. 24.). [新 명인열전]초등생이 문화유산답사기 출간, 역사학도 꿈꾸는 '문화 영재' http://www.donga.com/news/article/all/20200223/99837474/1

22) 박석희(2009). 호기심의 개념·유형 및 관광 경험에 대한 영향 고찰. 경기관광연구 제 14호

23) 티나 실리그(2016). 시작하기 전에 알았더라면 좋았을 것들(스탠퍼드대 미래실행 보고서). 김효원 역. 서울 : 마일스톤

24) 신영삼(2011), 셀프리더십 교육 프로그램이 참여자의 대인관계와 자아존중감에 미치는 영향. 석사학위논문. 중앙대학교 글로벌인적자원개발대학원

25) 너새니얼 브랜든(2015). 자존감의 여섯 기둥. 김세진 역. 서울 : 교양인

26) Rosenberg, M.(1965), 'Society and Adolescent Self-Image'. Princeton, N. J.: Princeton University Press

27) 이동귀, 양난미, 박현주(2013), 서울대학교 행복연구센터 '한국형 자존감 평가영역 척도 개발 및 타당화', 한국심리학회지 : 일반, 32(1), 271-298

28) 이윤옥(1998), 유아의 자아존중감 향상을 위한 교육프로그램, 서원대학교 학생생활연구소 학생생활 연구 16, 101-109

29) 린다필드(2018). 자존감코칭. 유세비 역. 경기 : 밀라그로

30) 윤홍균(2016). 자존감수업. 서울 : 심플라이프

31) KBS 시사기획 창〈전교 1등은 알고 있는 공부에 대한 비밀〉

32) EBS 학교란 무엇인가〈0.1%의 비밀〉

33) 이언 로버트슨(2013). 승자의 뇌. 서울 : 알에이치코리아

34) 롭 무어(2017). 레버리지. 김유미 역. 경기 : 다산북스

35) Shaffer(1993). Development Psychology: Childhood and Adolescence(3rd ed.), California: Brooks /California: Brooks/Cole, 1993

36) 하이디 그랜트 할버슨(2019). 어떻게 최고의 나를 만들 것인가. 장원철 역. 서울 : 스몰빅라이프

37) Gottfredson, M. R. & Hirschi, T.(1990). A general theory of crime. Palo Alto, CA : Stanford University Press

38) 브라이언 트레이시(2010). 잠들어 있는 성공 시스템을 깨워라. 홍성화 역. 서울 : 황금부엉이

39) 김미화, 장우민(2008). 인터넷 게임중독에서 내 아이를 지키는 59가지 방법. 서울:평단

40) EBS 다큐프라임 퍼펙트베이비 4부 동기. 배움의 씨앗

41) 중앙일보 헬스미디어(2019. 12. 26) 금연 결심했다면 주변에 소문 먼저 내야 하는 이유 https://jhealthmedia.joins.com/article/article_view.asp?pno=21226

42) 제프 샌더스(2017). 아침 5시의 기적. 박은지 역. 서울 : 비즈니스북스

43) 월간중앙(2010. 9월호). 'CEO들의 성공 비밀-아침형 인간이 되라'

44) 히라이 다카시(2016). 1등의 통찰. 이선희 역. 파주 : 다산3.0

45) 동아사이언스(2014). '습관의 뇌과학'. 강석기 과학컬럼니스트

46) 제임스 클리어(2019). 아주 작은 습관의 힘. 이한이 역. 서울 : 비즈니스북스

47) 아트 마크먼(2017). 스마트 체인지. 김태훈 역. 서울 : 한국경제신문사

48) 캐럴 드웩(2017). 마인드셋. 김준수 역. 서울 : 스몰빅미디어

49) 신영식(2016). 기업가적 인재양성을 위한 마인드셋 도출에 관한 연구. 박사학위논문. 인하대학 대학원

50) 유성은(2013). 성공하는 사람들의 시간관리 습관. 서울: 중앙경제평론사

51) 이영직(2018). 행동 뒤에 숨은 심리학. 서울: 스마트 비즈니스

52) 동아닷컴(2019. 10. 14) 1시간 59분 40초… 마라톤 2시간 벽 깼다 http://www.donga.com/news/article/all/20191014/97856793/1

53) Neff, K.D.(2003b). Self-compassion: An alternative conceptualization of a healthy attitude toward oneself. Self and Identity, 2

54) Barnard, L.K.,& Curry, J.F.(2011). Self-compassion: Conceptualizations, correlates, and interventions. Review of General Psychology, 15

55) 가오위안(2019). 하버드 행동력 수업. 김정자 역. 고양 : ㈜가나문화콘텐츠

56) 김주환(2019). 회복탄력성. 고양 : 위즈덤하우스

57) 조지 베일런트(2010). 행복의 조건. 이덕남 역. 서울 : 프런티어

58) 서리빈(2017). 사내 기업가의 비즈니스 혁신 전략. 서울 : 지식과감성

저자소개

• 김민주

좋은교육컨설팅 대표. 국민대학교 경영대학원에서 경영학을 전공하고, 동 대학원에서 마케팅 전공박사과정 중이다. 행복하고 만족스런 삶을 살기 위해서는 자신의 내면을 이해하고, 객관적인 자기 인식이 중요하다는 신념으로 자기 성장을 돕는 강사이다. 주요 강의 분야는 리더십과 커뮤니케이션, 감정관리, CS교육 등이며, 소상공인과 공공기관, 기업 등에서 활발하게 활동하고 있고, 취업을 준비하는 청장년층을 대상으로 컨설팅 및 강의를 하고 있다.

• 이서연

한국자기경영연구소 대표. 국민대학교 리더십코칭 MBA과정 석사 중이며. 세상에 선한 영향력을 끼치기 위한 자기성장과 발전을 도모하는 교육자로서 함께 성장하는 행복한 교육을 추구하는 기업교육 강사이다. 브런치 작가이면서 개인 저서 '나를 일깨우는 두 글자의 힘'이 있고, 이서연의 생각여행 팟캐스트를 운영하고 있다.

• 박소연

KCS의 대표로 '조직의 성과는 개인의 진심으로부터 시작된다'는 신념을 가지고 10년 이상 기업 교육에 몸을 담고 있다. 현재 셀프리더십, 커뮤니케이션, 조직활성화, 감정코칭, 강사양성 등으로 많은 기업과 공공기관, 대학교에 출강하며 기업과 직원, 개인의 성장을 돕고 있다.

삼성화재, 현대자동차, 농협중앙회에서 10여 년간 사내 교육을 담당하며 서강대학교 교육대학원 '교육공학 교육행정융합'에서 석사를 마쳤다.

- 김한아

아이원에듀컴퍼니 대표. 한양대학교 교육대학원에서 인재개발교육을 전공했고, 13년 차 기업교육전문강사로서 SK브로드밴드, 삼성전자서비스, 삼성화재서비스에서 사내강사로 재직했다. 현재는 '바른 신념으로 이로운 교육을 으뜸으로 연구한다'는 사명감을 가지고 더 나은 조직과 개인의 성장을 위해 셀프리더십, 커뮤니케이션, 감정관리, 사내강사양성, CS컨설팅을 전문분야로 다양한 강의를 하고 있다.

- 이여진

인플러스 에듀앤 대표. 사람들이 자신의 가치를 발견하고 일과 관계에서 행복을 찾을 수 있도록 진실된 마음으로 함께하는 코치이자 기업교육 강사이다. 국민대학교 경영대학원 리더십과 코칭 MBA전공 석사과정 중이며, 주요 강의분야는 셀프리더십, 조직 내 소통, 코칭 리더십, 창의적 문제 해결 등이다. '노력은 배신하지 않는다'라는 신념을 가지고 있으며, 다양한 경험과 배움, 일상을 나누는 유튜브 채널『별걸 다 하는 친절한 여진씨(별다친)』를 운영하고 있다.

- 이진아

휴&엠 퍼스널 이미지 브랜딩 컨설팅 대표. 대한항공 국제여객부 근무. 숭실대학교 경영대학원 서비스경영학 석사. 주요 강의 분야는 커뮤니케이션, 리더십, 조직 활성화, 서비스 디자인씽킹, 긍정마인드, 감성아로마, 이미지메이킹 등 내적, 외적 성장을 하도록 강의와 컨설팅을 하고 있다.

- 한주미

엑스퍼트 컨설팅 전임강사

'말로 하다. 글로 쓰다. 그렇게 내 무게중심을 찾아, 이치에 맞는 신념으로 사람들과 소통한다'는 철학으로 10년 넘게 기업교육에 몸담고 있다. GS칼텍스 현장직, CESCO, 삼성전자서비스에서 사내 강의와 기획을 담당했다.

현재는 엑스퍼트 컨설팅에서 강의를 하고 있으며 기업체 및 공공기관단체의 학습자들과 만남을 이어가고 있다.

생각의 뿌리와 언행이라는 열매가 일치해야 한다는 신념으로 업의 가치를 지키고 있고, 학습자들의 생각과 시간을 책임지려고 노력한다. 주로 주도적 태도, 업의 의미, 조직문화, 핵심가치를 주제로 출강하고 있으며, 내실을 갖춘 강사를 양성하는 과정을 진행하고 있다.